草原帝國

大遼王朝

——青牛、白馬、黑契丹

草原帝國

前言

從秦統一天下（西元前二二一年）到清遜帝宣布退位（清宣統三年，一九一二年），其間共兩千一百三十三年。在這二千多年裡，朝代或政權更迭頻繁，約略估算一下總共有六、七十個朝代（政權）之多。

有人或許懷疑何以如此之多，請看：秦、西漢、東漢、三國（魏、蜀、吳）、西晉、東晉、諸胡列國（漢趙或前趙、後趙、前燕、前秦、成漢、後燕、西燕、北燕、南燕、前涼、南涼、西涼、北涼、後涼、西秦、代、夏、魏）、南朝（宋、齊、梁、陳）、北朝（北魏、東魏、西魏、北齊、北周）、隋、唐、五代（梁、唐、晉、漢、周）、十國（前蜀、吳越、南漢、吳、閩、後蜀、南唐、荊南、楚、北漢）、北宋、南宋、遼、金、西夏、元、明、南明、清；而吐蕃王朝、高昌鞠氏王朝、回紇汗國、突厥汗國等都還沒有計算在內。

上面所提到的這六、七十個王朝或政權，國祚超過二百年的只有五個，分別是西漢（西元前二〇六年至西元八年，共二一五年）、唐（六一八至九〇七年，共二九〇年）、遼（九一六至一一二五年，二百一十年；西遼一一二四至一二一一，八十八年，含屈出律則到一二一八年，則西遼共九十五年）、明（一三六八至一六四四年，共二百七十七年；南明一六四五至一六六一年）及清（一六一六至一九一二年，共二百九十七年）。

在這五個朝代裡，如果從民族的成分來看，唐朝的建國者李氏家族是胡是漢，向來是史學界爭論焦點。李淵的先人曾在鮮卑族宇文氏的北周時，被賜姓「大野」氏，而高車族（也就是鐵勒、敕勒）中也有大野氏，可見李氏一族有濃厚的胡族血統。

漢朝、明朝的創建者乃是古往今來許多民族混融後的漢人。至於建立遼朝、西遼的契丹族，以及建立清朝的女真族（後來稱爲滿族），則是不折不扣的胡族，如此看來，中國歷史實在是由胡漢民族共同建構而成的。

以往撰寫、詮釋歷史之人，往往對胡族史事一筆帶過，且經常以漢人的觀點來敘述。所以打開二十四史或其他私家撰著的歷史文獻看，對胡族的描述，總是以負面的文字出現，眞是何其不公平。本書則希望能開史家之先河，以客觀公正爲執筆標準，力求展現這些建立草原帝國的民族之歷史。

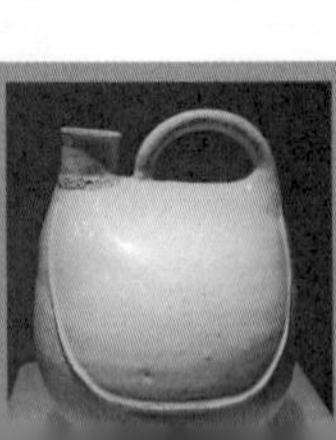

目次

第一章 試問耶律是何族，契丹原是鮮卑種

源自大興安嶺以西

在中國東北地區，從南到北有一座大山，就是大興安嶺，這座大山東西兩側孕育著兩大系民族。

大興安嶺東側以「肅愼系」爲主，肅愼系民族的歷史源遠流長，這一系的民族大致包括肅愼、挹婁、勿吉、靺鞨、女眞等族，西方人多以「通古斯」稱之。《竹書紀年》就載有：「虞舜二十五年，息愼獻弓矢。」其中「息愼」就是肅愼；而《史記・五帝本紀》也有「舜之所極，在北方者已有山戎、發、息愼。」的記載，可見此系跟華夏民族一樣源遠流長。

至於大興安嶺西側，則爲「東胡系」各民族聚居。在秦代，東胡系民族就已相當強大；早在戰國（西元前四七六～西元前二二一年）時，其中的一支鮮卑族，就可能已經有族人到過南方楚國，因爲屈原《離騷》中〈大招〉這一篇，就曾經提到「小腰秀頸，若鮮卑只」，意思是說：穿上有腰身有領子的衣服，就會像鮮卑女孩那樣顯得婀娜多姿。如果沒有鮮卑人到過楚國，屈原是寫不出那樣的句子的。

甌脱

據注釋《史記》的史家説，「甌脱」是介於匈奴跟東胡之間沒有人駐牧的沙磧地，所以《史記》稱之為「棄地」。日本學者認為「甌脱」這個匈奴詞匯，與今天蒙古語裏的「鄂脱（或托）克」相當，都是「一塊地方」的意思。*「甌脱」既是不能或無法駐牧或遊牧的「棄地」，也就是一片沙漠，並無多大經濟意義，東胡王要這塊「棄地」，著眼點應該是在政治、軍事方面。原來「甌脱」除了是介於東胡與匈奴之間無人駐牧的棄地之外，還可解釋成是介於東胡跟匈奴之間的緩衝地，雙方約定不在這塊緩衝地駐牧或遊牧，以避免沖突。東胡王的如意算盤是想拿到這塊「甌脱」之地後，東胡就進可攻、退可守。

*白鳥庫吉，《東胡民族考》，方壯猷譯，上海商務印書館，1934年。

東胡分裂

後來匈奴崛起，秦二世元年（西元前二〇九年），匈奴王子冒頓（音「墨毒」）殺父親頭曼單于後自立爲單于，東胡見匈奴部落內部不穩，因此恃強向匈奴強要寶馬、美人，冒頓單于都給了；東胡於是食髓知味，又向匈奴索討匈奴與東胡之間無人居住的緩衝地「甌脱」，原以爲可以再度得逞，想不到冒頓單于卻認爲「土地是國家的根本」，一尺一寸都不能割讓，於是立刻動員全匈奴兵力，在出其不意的情況下討伐東胡。而東胡還沉醉在前兩次向匈奴討要寶馬、美人的勝利中，滿心認爲這次只是要一個沒人居住的甌脱，匈奴一定會照給，舉國上下正在等候使者帶回好消息時，不料等到的卻是鋪天蓋地而來的匈奴大軍，當然被匈奴騎兵打得落花流水。

東胡部落聯盟因此崩解，分裂爲鮮卑跟烏桓兩大系。鮮卑跑到一座大山躲了起來，還把這座大山命名爲大鮮卑山；烏桓則躲到另一座大山，也把那座山命名爲烏桓山；整個北方都成爲匈奴的領土。這時大約在中國秦漢之際。

因爲這次的慘敗，鮮卑族退出歷史舞臺長達二百年左右。

鮮卑民族藉以躲藏的大鮮卑山，經過學者專家的考證以及考古的發掘，證實就是現今的大興安嶺。大興安嶺自北向南綿亙長約八、九百公里，東西寬約二百多公里，山並不很高，可是河流卻很多。大興安嶺西側是個河流縱橫、水草豐美的好地方，既可游牧，也可漁獵，當然也可以農耕，只是農耕需要一定的技術，以當時鮮卑民族的文明程度，談農耕可能太奢侈，所以還是以游牧爲主。

鮮卑族是個龐大的族群，主要的部落有慕容部、宇文部、段部等等，這幾個部落大約分布在大興安嶺中段；另有拓跋部，分布在大興安嶺北段。其他的像乞伏部、禿髮部、乙弗部、薛干部等，可能是附屬於前面所提到的那幾部，由於資料不明確，難以確定在兩漢（西元前二〇二～二二〇年）時，這幾部鮮卑究竟在哪裡。一直到諸胡列國（即五胡十六國，三〇四～四三九年）時，他們的聚居地區

大興安嶺與松嫩平原交界地帶　當鮮卑民族走下歷史舞臺，另一支名為契丹的遊牧民族開始爬上歷史舞臺。時間大約在北魏太武帝在位時。

諸胡列國時代表

族名	歷史概況	魏晉後主要分布地	建立的政權
匈奴	世居蒙古草原，東漢時分為南北兩部，北匈奴西遷，南匈奴不斷南遷，曹操將其分為左右南北中五部。分支有屠各胡、盧水胡、稽胡（山胡）等。	山西、陝西中部，甘肅西北部、青海一帶。	前趙（屠各胡） 北涼（盧水胡） 夏
羯	又號羯胡、雜胡。可能來自今中亞塔什干，曾附屬匈奴，深目、高鼻、多鬚、信奉「胡天」教（祆教）。	太行山以西的并州諸郡，主要聚居在上黨郡武鄉縣（今山西榆社）。	後趙
氐	古老民族西戎之別種，從事畜牧和農業，其種繁多，有巴氐、白馬氐、武都氐、青氐等，與漢雜處。	甘肅、陝西、西川鄰接地帶，集中在武都（今甘肅成縣西北）等地。	前秦 後涼 仇池（白馬氐）
鮮卑	東胡的一支，初依鮮卑山，因此得名。後北匈奴西遷，進入匈奴故地。曹魏時軻比能部強盛，建立部落軍事王國。其國瓦解後，東部地區有慕容部、宇文部和段部，中國有拓跋部，西部有乞伏部。	遼寧、河北、山西、內蒙古、陝西及青海等地。	前燕（慕容部） 後燕（慕容部） 北燕（慕容部） 西燕（慕容部） 南燕（慕容部） 西秦（乞伏部） 南涼（禿髮部） 北魏（拓跋部） 北周（宇文部）

才逐漸明朗起來。

大興安嶺一帶固然水草豐美，但到了冬季可是冰天雪地，想在此生活十分艱難，生活在這一帶的游牧民族，自然會想往暖和的地方遷徙。東漢末年內政紊亂、邊政不修，中原大地已經埋下了動亂的種子，這時生活在大興安嶺中段的鮮卑族慕容部、段部、宇文部於是悄悄的往南遷移到遼東一帶，這一帶不僅水草豐美，更是極適宜發展農業的地方，而且已經有一些漢人帶著先進的農業技術，到這裡開荒耕種。

這一部的鮮卑人後來建立起諸胡列國中的前燕，之後又被前秦苻堅所滅。前秦建元十九年（西元三八三年），苻堅南下攻東晉，爆發淝水之戰，結果前秦戰敗，慕容部的子姪輩趁機陸續建立後燕、西燕、南燕跟北燕等各個政權。較晚從大興安嶺北段迂迴進入今天中國山西及內蒙古自治區一帶的拓跋部，則先建有「代」政權，後來也被前秦苻堅所滅，但不久後，又建立了「魏」政權，這就是在歷史上所稱的「北魏」，或稱「元魏」。其他的鮮卑族中，乞伏部則建有西秦，禿髮

契丹人引馬圖　此圖為遼代壁畫。出土於今內蒙古自治區昭盟敖漢旗。牽馬者披髮，執棍，棍上有鐵環，著長袍，長氈靴，馬揚後右蹄。右一人戴黑色帽，著長袍，長靴，尖頭朝上，兩足同時向左，似在移步，擊長鼓而舞。整個畫面構圖豐富，形態逼真，技法嫻熟，是研究遼代風俗、服飾和馬具的珍貴資料。

部建有南涼。

這些離開大興安嶺的各部鮮卑，紛紛在中國建立政權、建元立號，都曾經風光一時，其中尤以前燕跟北魏，先後在歷史上寫下光輝的一頁。後來北魏分裂爲東、西魏（約五三四～五三五年），西魏被鮮卑宇文氏所篡，建立「北周」；東魏則被高歡的兒子高洋所篡，建立「北齊」。北齊武平元年（西元五七七年），北周滅北齊，四年後，北周又被權臣楊堅篡奪，建立隋朝，從此以鮮卑爲名的民族，就從中國政治舞臺上消失了。

契丹民族傳說

鮮卑民族雖然走下了歷史舞臺，可是在大興安嶺一帶還有鮮卑人，大約在北魏太武帝在位時（西元四二四～四五二年），另一支名爲契丹的游牧民族開始爬上歷史舞臺。

契丹人對自己民族的起源，也有一段相當傳奇的神話故事：

相傳在古老之時，有一個神人騎著白馬，從馬孟山順著土河向東方緩緩而來，遇到一位天女駕著青牛車，由平地松林沿著潢河走去，到了木葉山時，土河跟潢河合流，神人跟天女自然也就相遇了。這兩個神仙一見鍾情，結爲夫妻，生了八個兒子，這八個兒子各自繁衍後代，就成爲最早期的契丹八部。

上述這段契丹民族起源傳說未見於《遼史・太祖本紀》，而是見於《遼史・地理志》，顯然是附會的成分居多。其實每個民族的起源傳說，都充滿了神話色彩，但是契丹人對這個傳說還是抱持著虔誠的信念跟尊敬的態度，所以契丹後來每次行軍及春秋大祭時，一定用白馬青牛，以示不忘本。

契丹八部之說

神話故事裡說的神人跟天女所生的八個兒子，後來繁衍成契丹最早期的八部，這八部的名稱今已難以考證。但據記載北魏的史書《魏書・卷一百・列傳八十八・契丹傳》中，列有八部名稱，分別是：悉萬丹部、何大何部、伏弗郁部、羽陵部、日連部、匹絜部、黎部和吐六于部。

但是同樣是《魏書》，〈卷六・顯祖紀〉卻載：「皇興元年，……夏四月辛丑，……高麗、庫莫奚、

穹廬

穹廬一開始是帳篷的意思。從匈奴時代開始，甚至是從有游牧民族開始，游牧民族都是居住在「穹廬」裡。等到蒙古族出現後，就把這種游牧民族所居住的穹廬改稱為「蒙古包」。

蒙古包一般都是圓頂。但是在大興安嶺地區，由於吸收得到太平洋水氣，水分充足，冬季雪量比較大，所以一直到今天，大興安嶺嘎仙洞附近鄂倫春人的穹廬頂還是尖的，這樣冬天下雪時，雪才容易從穹廬滑落地面，減輕穹廬負擔。而穹廬的門之所以向東開，也是為了接受陽光之故。

契丹、具伏弗，郁羽陵、日連、匹黎爾，比六手、悉萬丹、阿大何、羽眞侯，……各遣使朝獻。」這裡把具伏弗（即伏弗郁）、悉萬丹、阿大何（即何大何）、郁羽陵（即羽陵）、日連、匹黎爾（即匹絜）跟契丹並列，可見北魏顯祖，即獻文帝皇興二年（西元四六八年）時，所謂的契丹八部和《魏書．契丹傳》所列的八部是不相同的，而是另有所指，只是目前已經無法查到契丹最原始的八部了。而《魏書》是北齊時魏收（西元五〇五～五七二年）所撰，應該是最早記載有關契丹的文獻了。

耶律阿保機是在後梁末帝貞明二年（西元九一六年）建立遼政權，年號神冊，往上推四百四十八年，在北魏獻文帝時，契丹就有跟北魏往來的紀錄，比起其他北方少數民族來說，已經是很可貴的一項歷史紀錄了。不過在契丹民族自己的傳說中，似乎又可以把歷史往前推許多世代。

自從神人跟天女結爲夫妻，生下八個兒子，這八個兒子分別繁衍成八個部後，又經過若干世代，出現了三個精明能幹的首領。第一位首領名叫「乃呵」，他是一具骷髏，住在穹廬中，蓋著一條毛氈；遇到部落有大事時，契丹人若殺白馬灰牛來祭拜這具骷髏，骷髏就會現出人形，出面處理這些大事，待事情處理完畢後，又進入穹廬。

骷髏化爲人形治理政爭，當然是無稽之談。但是以後代遼朝的陵寢制度來考察的話，就可以證實契丹民族確實有這個源遠流長的傳說。按遼朝的陵寢制度，就是國君駕崩後，在他的陵寢旁邊，會蓋一座「明堂」，並設置專門的職官，按時祭奠。又設明殿學士一人，掌管詔書的製作，每當朝廷有大事時，明殿學士就以先皇名義下詔給現任皇帝，這就是傳說中骷髏化為人形處理政事的衍生。

第二位首領叫「喎呵」，他頭戴野豬頭，身披野豬皮，也是居住穹廬中，有事則出，事畢又隱入穹廬。這呈現部落首領扮作野獸形象，是游獵時代常見的現象，說明至少在喎呵時代，契丹還是處於游獵狀態。

第三位首領名叫「晝里昏呵」，傳說他養羊二十隻，每天吃十九隻，第二天，僅存的那隻羊又會再生出十隻供他食用，就這樣子，他的食物永遠吃不完。從這個傳說，可以反映出此時的契丹民族已經從游獵時代進入游牧，甚至是畜牧的時代了。

歷史的腳步從不會停頓，到了隋朝（西元五八一～六一九年），契丹分有十部，可惜這十部也沒有留下具體名稱，今人只知道這十部含有皇族跟外戚。唐代時，國力威服東北，在契丹地區也設有八部羈縻州，這時的契丹族聚居地才有具體名稱。現在把唐時契丹八部跟所設羈縻州呈現如下：

達稽部，峭落州；

紇便部，彈汗州；

獨活部，無逢州；

遼代．乳釘紋高頸玻璃瓶　瓶高十七公分。無色透明，含有氣泡，表面有風化層。雙唇，侈口，漏斗形細高頸，寬扁把，球形腹，喇叭形高圈足。把用十層玻璃堆成花式鏤空狀，口沿有一周淡藍色顏料，腹壁飾五周小乳釘紋。

芬問部，羽陵州；
突便部，日連州；
芮奚部，徒河州；
墜斤部，萬丹州；
伏部，有匹黎、赤山二州。

以上八部，據近代史家呂思勉的考證認爲：芬問部就是古八部的羽陵部、突便部是日連部、芮奚部是何大何部、墜斤部是悉萬丹部、伏部是匹絜部，其餘達稽、紇便、獨活三部無法斷定跟古八部有何關係。但呂思勉只從唐代在契丹民族聚居地區所設的羈縻州名稱作比較，忽略了古八部早已流失的事實，所以他的結論大有商榷的餘地。而且上面所列的八部統統是契丹大賀氏，更與原來的八部無關了。

臣服突厥

在這段晦暗不明的歷史之後，至南北朝後期的北齊時（西元五五〇～五七七年），契丹的歷史才逐

草原石人　是當時雄踞於漠北草原的突厥人所為。突厥強大時，大興安嶺西端大草原全在突厥控制之下，契丹豈能倖免？

漸明朗，據《遼史・卷三十二・營衛志・部族》中，有以下這麼一段記載：「奇首八部為高麗、蠕蠕所侵，僅以萬口附於元魏，生聚未幾，北齊見侵，掠男女十餘萬口，繼為突厥所逼，寄處高麗，不過萬家。部落離散，非復古八部矣。別部有臣附突厥者，內附於隋者，依紇臣水而居，部落漸眾，分為十部，有地遼西五百餘里。唐世大賀氏仍為八部，而松漠，玄州別出，亦十部也。遙輦氏承萬榮可突於散敗之餘，更為八部，然遙輦、疊刺別出，又十部也。阻午可汗析為二十部，契丹始大。」

從以上史料可以看出，契丹第一位有史可查的歷史人物是奇首可汗，他所帶領的契丹部落曾遭受到高麗、蠕蠕（即柔然）的侵襲，只剩下極少數人口投靠元魏。即北魏，並在北魏庇護之下休養生息，人口才又多了起來。

後北魏分裂為東、西魏，東魏被權臣高歡之子高洋所篡，建立北齊。西魏則為鮮卑宇文氏所篡，建立北周。北周、北齊對立初期，北齊實力強過北周，所以北齊向東發展時，自然就碰上了契丹，而才剛崛起的契丹，實力當然不敵北齊。

仕女出遊圖　此圖雖是遼時的壁畫，但仍具有晚唐至五代宮廷繪畫的風格，畫中仕女頗有中原仕女風姿。此畫對研究中國唐末至五代的繪畫藝術，及契丹與中原的關係，具有重要的價值。

突厥源起於今天阿爾泰山一帶，一直臣服於柔然。由於阿爾泰山產鐵，所以突厥就成為柔然的鍛奴，專門替柔然鍛造兵械。到了諸胡列國時代末期（約六世紀初），突厥人口大量增加，也有了相當實力，想娶柔然的公主為妻，沒想到被柔然羞辱了一番，這下激怒了突厥首領，就自立為可汗，而且起兵攻打柔然，幾乎是每戰皆勝，柔然因此潰敗，最後降於北魏。

突厥占據了大漠南北後，力量更進入西域乃至中亞。後來北齊、北周爭相結好於突厥，每年向突厥進貢物品的車輛絡繹於道，突厥可汗在躊躇滿志之餘曾說：「只要我南邊齊、周這兩個兒子孝順，又何愁沒有物資進貢呢？」

突厥強大時，大興安嶺西端大草原全在突厥控制之下，契丹豈能倖免？所以原始的契丹八部，早已不存在了，一直到唐代，契丹的八部之說才比較可信。

內屬於唐

唐太宗貞觀二十一年（西元六四七年），太宗親自率兵伐高麗，大軍到營州（今遼寧省朝陽市朝陽縣）時，契丹酋長窟哥前來謁見，請求內屬於唐。次年，唐朝以其地設為松漠都督府，以窟哥為都督，並賜姓李，封為無極男，並且將契丹大賀氏八部，連同新設的玄州一律設為羈縻州。松漠都督府的位置大致在西遼河流域，今天內蒙古自治區科爾沁左翼中旗、後旗、通遼市、赤峰市、翁牛特旗及克什克騰旗一帶。

唐時，契丹各部的共主是大賀氏，到了遼的始祖涅里（或作泥禮雅里）時，讓位給迪輦祖里，就是阻午可汗，唐朝賜他姓李名懷秀，並且拜他為松漠都督，等於承認阻午可汗是契丹族的領袖。

這時阻午可汗將契丹分為許多部落：且利皆部、乙室活部、實話部（或作室活部）、納尾部、頻沒部、納會雞部（或作內會雞部）、集解部、奚溫部等。原來的大賀、遙輦、世里三部「皇族」，阻午可汗將之分解為七部；審密原有乙室己、拔里部，這二部都是國舅也就是外戚，這時也將之分解為五部。詳細情形，史傳都沒有記載，不過分部之多，可以想見阻午可汗時，契丹民族已經是人多勢眾的民族了。

失敗的羈縻政策

早在唐高祖武德四年（西元六二一年）時，有另一部契丹酋長孫敖曹率領了一些部眾降唐，唐朝把他們安置在營州附近，並且把他們聚居的地方設爲歸誠州，到了武周萬歲通天元年（西元六九六年）時，由於唐營州都督趙文翽（音「會」）凌虐契丹人，於是孫敖曹擔任歸誠州刺史的孫子孫萬榮，就會同窟哥的孫子李盡忠率眾叛唐。

李盡忠自稱「無上可汗」，以孫萬榮爲前鋒，武周發兵好幾十萬，一時還無法敉平，李盡忠軍殺了趙文翽後，進圍澶州（今河南、山東部分地區），唐左威武大將軍曹仁師領兵擊之，反而大敗。不久，李盡忠過世，孫萬榮繼續帶領這群叛軍，也稱可汗，進攻並包圍冀州（今河北省衡水地區冀縣），進而攻陷冀州，整

《步輦圖》局部　唐代畫家閻立本繪，《步輦圖》表現的是吐蕃使者祿東贊朝見唐太宗時的情景。貞觀二十一年，太宗親自率兵伐高麗， 大軍到營州時，契丹酋長窟哥前來謁見，請求內屬於唐。次年，唐朝以其地設為松漠都督府。

收繼婚

收繼婚或叫「蒸報婚」，所謂「蒸」是指晚輩收繼直系尊親屬之寡妻；「報」是指晚輩收繼旁系長輩的寡妻。

在中亞、北亞的草原游牧民族裡，這種妻後母及娶兄弟妻為妻的蒸報婚，是一種再正常不過的婚姻形式。

蒸報婚更有其社會、經濟面的必然性。游牧民族社會採行家父長制，所有財產包括牛、羊、馬、駱駝、帳篷，乃至奴隸，在家庭中歸家父長所有。在整個國家中，由單于支配，單于的閼氏可依此分配到若干個帳篷、牲畜及奴隸，但老單于一旦崩殂，閼氏身分自然消失，所有的帳篷、牲畜以及奴隸都將由新單于收回，只有新單于再娶閼氏後，這些閼氏才不致於凍餒，並能繼續擁有原來分配給她的一切。

個河北爲之震驚，當時契丹之強盛，可想而知。

但孫萬榮由於發展太快，全力向南方攻城掠地，後方難免空虛。這時東突厥默啜可汗就趁虛而入，攻破松漠都督府，俘虜李盡忠跟孫萬榮的妻子兒女，契丹軍於是崩潰，孫萬榮被部下殺死，契丹勢力也隨之消失，歸附於東突厥。到了唐玄宗開元二年（西元七一四年），李盡忠的叔父失活見東突厥默啜可汗政衰勢弱，於是趁機率眾投靠唐朝。唐朝就拜失活爲松漠都督，封之爲松漠郡王，更以宗室東平王外孫楊元嗣之女嫁給失活，以和親攏絡契丹，又將契丹所統的八部酋長都提拔爲州刺史。

之後，契丹就一直觀望唐朝的盛衰，時服時叛。而自玄宗天寶年間（西元七四二～七五六年）以後，唐朝舉國上下安於逸樂，缺乏進取、開創之心，對契丹採取羈縻政策，經常以宗室女子嫁契丹首領，或者拜契丹首領爲都督、封之爲王爵等，希望透過這一類手段維持邊疆的安定。這正是傳統治邊政策裡的「誘之以婚姻」、「餌之以祿位」的作法，忽略草原民族崇尚實力的心態。所以唐朝這些羈縻措施，並沒有收到預期效果。

唐玄宗開元六年（西元七一八年），契丹首領失活過世，由他堂弟娑固承襲失活的官職跟爵位，唐朝將原來嫁給失活的楊氏女子，依照草原游牧民族收繼婚的傳統習俗，又嫁給娑固。沒多久，娑固被自己手下牙將可突干攻擊，娑固帶了一些人逃到營州，營州都督許欽澹發兵救了娑固，並且徵調奚族酋長李大酺，率兵會同娑固之眾反擊可突干，結果大敗。李大酺跟娑固都被殺了，可突干另立娑固堂弟鬱干爲契丹酋長，唐朝對這既定的事實也只好加以承認，並把唐玄宗堂妹的女兒燕郡公主慕容氏嫁給鬱干，再封鬱干爲松漠郡王。

到了開元十二年（西元七二四年），鬱干過世，由弟弟吐干嗣立，依例燕郡公主慕容氏再嫁給吐干。但吐干跟擁有實權的可突干不和，結果開元十三年（西元七二五年），吐干逃到唐朝境內請求庇護。契丹又立吐干的堂弟邵固爲首領，唐朝雖然收容吐干，但對契丹內部的權力結構也無力改變，對邵固的嗣立，也只好予以承認，而且爲了攏絡契丹，又把宗室女子東華公主嫁給邵固，並封邵固爲廣化郡王，暫時相安無事。

只是好景不長，六年後，也就是玄宗開元十九年（西元七三一年），邵固被可突干所殺，唐朝還是無可奈何。又過了四年，契丹內部有個酋長叫過折，聯合唐幽州（今北京與天津一帶）刺史張守珪，雙方合作殺了可突干，過折向唐朝輸誠，唐朝拜他爲松漠都督，封之爲北平郡王。但唐朝只是給了些虛名，並沒有派兵保護過折，所以沒多久，過折就被可突干的餘黨涅里給殺了，這下涅里控制了契丹各部落。

涅里是後來建立遼政權的始祖，後來他讓位給迪輦祖里，就是阻午可汗，唐朝賜他姓名爲李懷秀，拜他爲松漠都督，封之爲崇順王，又把宗室女子靜樂公主獨孤氏嫁給他。這時唐玄宗正陶醉在楊貴妃的懷抱裡，似乎除了「餌之以祿位」、「誘之以婚姻」的老把戲外，玩不出什麼新鮮的、有效的治邊政策。

唐玄宗天寶四年（西元七四五年），盛唐景象不再，衰敗態勢卻愈來愈明顯了，契丹阻午可汗顯然具有高人一等的智慧，看出大唐帝國已經是金玉其外、敗絮其中，於是殺了靜樂公主獨孤氏，公開叛唐。而唐朝也沒有出兵爲靜樂公主報仇，只是選擇另立一個契丹酋長李楷洛爲恭仁王，用以代替阻午可汗，又玩起了「以夷制夷」的把戲。不過李楷洛有個叫李光弼的兒子，倒是一個人才，後來成爲唐朝一代名將。

黠戛斯

唐人口中的黠戛斯，其實就是西漢時的隔昆（又稱堅昆）。

唐後，黠戛斯汗國瓦解，分成好幾個部落，其中一支的後裔融入契丹。但最主要的黠戛斯後人，一般相信即是今日中亞國家吉爾吉斯（Kyrgyzstan）的主體民族，即吉爾吉斯人。

安史亂後（西元七五五～七六三年），唐朝中衰，中原凋敝，契丹也因此衰微。這時回紇反而強盛了起來，契丹也就向回紇稱臣納貢。據《遼史．百官志》所載，自涅里讓位阻午可汗之後，繼任爲可汗的，分別是阻午可汗、胡剌可汗、蘇可汗、昭古可汗（或作嘲古河汗）、耶瀾可汗、巴剌可汗、痕德堇可汗。這些可汗在位年代跟重要事蹟，都沒有留下任何紀錄，我們只能從相關史料中，找到一點點有關的訊息。

唐武宗會昌二年（西元八四二年）契丹耶瀾可汗降唐。他之所以降唐，可能是回紇在唐文宗開成五年（西元八四〇年）被黠戛斯擊破，回紇汗國敗亡，而黠戛斯汗國又很快的崩解了，契丹本身還沒有壯大，所以只好投靠唐朝。唐懿宗咸通中（約八六七年），契丹巴剌可汗曾向唐朝進貢。唐昭宗天復元年（西元九〇一年），唐立契丹欽德爲痕德堇可汗，爲契丹遙輦氏的末代可汗。之後，契丹的權力核心回到耶律氏，從這時起，契丹民族的歷史才有比較詳細的紀錄。

建立遼朝的契丹耶律氏，自奇首之後，有好幾代都不可考，直到涅里（《遼史．太祖本紀》作雅里）後，才有相關世代的人名，涅里生毗牒，毗牒生頦領，頦領生耨里思，《遼史》盛讚耨里思「令不嚴而人化」，被追尊爲肅祖；耨里思生薩剌德，這時的契丹曾經跟另外一支游牧民族黃室韋作戰。

契丹首領薩剌德後來被追尊爲懿祖；薩剌德生勻德實，勻德實可汗任內，契丹人開始學習稼穡，善於畜牧，契丹因此而富強壯大，後被追尊爲玄祖；勻德實生撒剌的，傳說撒剌的可汗仁民愛物，教人民冶鐵，能冶鐵，自然就會製造鐵製兵器，後來被追尊爲德祖，而撒剌的之子，即是創建遼朝的耶律阿保機。

室韋

近代許多中外學者認為，「室韋」就是鮮卑的另一種音譯，所以跟契丹一樣都是鮮卑族的一支。

《隋書．卷八十四》對室韋的說法是：「契丹之類也，其南者為契丹，在北者號室韋。分為五部，不相統一。」

所謂五部，指的就是：南室韋、北室韋、缽室韋、深末怛室韋跟大室韋。到了唐代，室韋分化為二十幾部，其中有黃頭部，就是跟契丹作戰的黃室韋。

契丹耶律氏世系

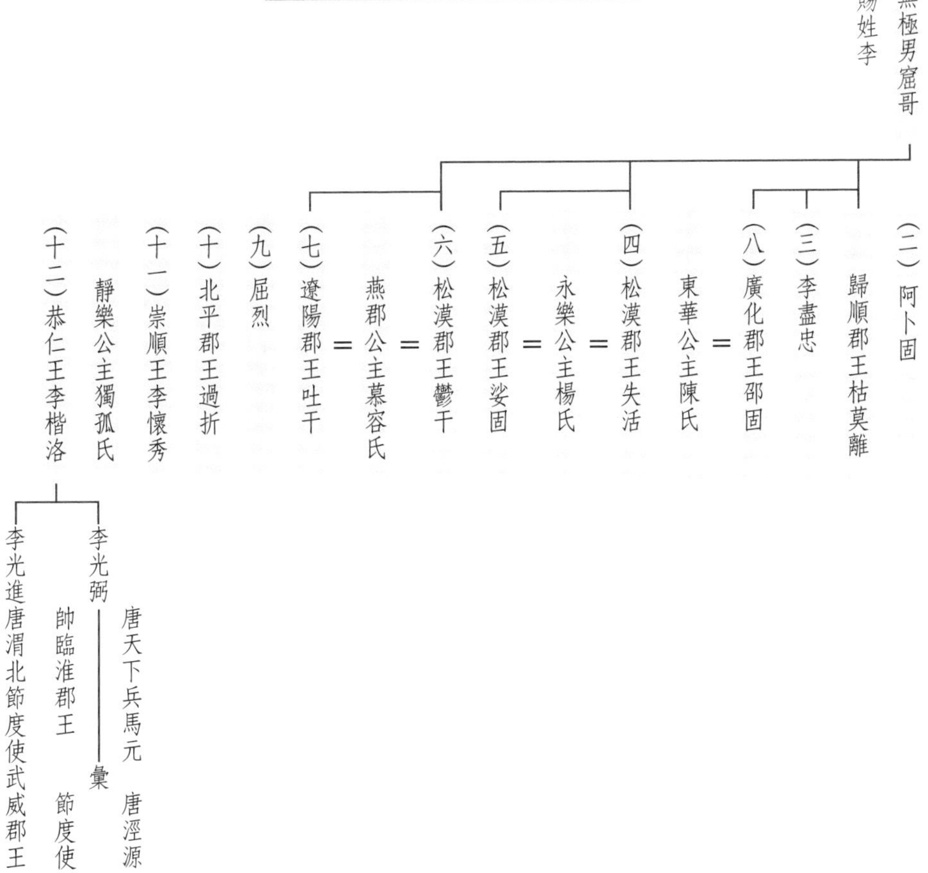

第二章 契丹習俗竟如何，髡髮左衽垂前額

每個民族的生活方式，總是受生存空間條件所制約，因此孕育出不同的文化模式。生活習俗是很重要的文化模式，契丹民族早期的習俗，由於文獻不足，難作詳述，但就現有資料來看，契丹在建國以前的生活習俗，可就以下數項加以敘述。

葬俗

人之大事，莫過死生，不同民族有不同的喪葬習俗，因而葬俗有時也可以作爲識別民族的條件之一。茲據《北史·契丹傳》所載，契丹之葬俗爲：「父母死而悲哭者，以爲不壯，但以其屍置於山樹之上，經三年之後，乃收其骨而焚之。因酹酒而祝曰：『冬月時，向陽食，若我射獵，使我多得豬、鹿。』」從此項史料可知契丹民族早期的葬俗，既是天葬的一種，所以沒有棺槨，但是從「三年之後，乃收其骨而焚之」又可知具火葬的特色，因此與土葬民族絕不相同。

以往有若干論著，如《魏書》等，認爲契丹族爲鮮卑宇文部之後，而某些論著又以宇文部乃匈奴別部，由是得出契丹也可能是匈奴之裔，如舊《五代史》就直接指稱：「契丹者，古匈奴之種。」此外北宋編著的《冊府元龜》、記載典章制度的《宋

會要》等文獻，也作如此認定，但是如果從葬俗來論，匈奴的葬俗，據《漢書．匈奴傳》所載爲：「其（指匈奴）送死，有棺槨、金銀、衣裳，而無封樹喪服，近幸臣妾從死者，多至數十百人。」

從《漢書》這項記載，足見匈奴的葬俗有以下三項特色：土葬、厚葬、殉葬之俗，與早期華夏民族似無二致，而與契丹之葬俗迥然不同，從葬俗差異中，就可以輕易推翻舊《五代史》、《冊府元龜》及《宋會要》所持「契丹者，古匈奴之種」的說法，而《魏書》認爲契丹爲宇文部之後，從葬俗上看，等於證實宇文乃是烏桓的音轉，烏桓或鮮卑原本都是東胡部落聯盟主要構成者，當匈奴冒頓單于擊破東胡，東胡之眾分別向東逃逸後，退保鮮卑山者稱鮮卑；退保烏桓山者稱烏桓，宇文很可能就是烏桓之另一音譯。

契丹民族早期葬俗，如以上所述，既是天葬，又有火葬的後續作爲，是相當特殊的葬俗。當然，後來契丹壯盛，漸次與其他民族大量接觸，尤其是與漢族接觸之後，葬俗方式已有明顯之改變，建立政權後，許多典章制度模仿中原王朝，葬俗也不例外。

中原漢人在春秋戰國之前，無論貴賤，死後葬身之地概稱之爲墓，如《尚書．太甲上》稱：「太甲既立，不明的，伊尹放諸桐。」其注稱：「桐，湯墓地也」。

但到春秋戰國時，情況有所

遼祖陵祖州城以東的盆地，內蒙古赤峰市巴林左旗哈達英格鄉。遼祖陵為遼太祖耶律阿保機、貞烈皇太后、齊天太后陵寢，位於石房子村西邊，包括祖陵及祖州城（奉陵邑）。

改變，君王爲了表示高貴身分，與眾不同，稱其埋葬之地爲「丘」，如楚昭王之墓稱「昭丘」、趙武靈王之墓稱「靈丘」、吳王闔閭之墓稱「虎丘」。戰國時代後，已將君王之墓稱爲「陵」，從此之後，直到清代，所有帝王之墓都稱爲「陵」。

契丹建立政權後，很快的學會了中原王朝的葬俗，如稱創建遼朝的遼太祖耶律阿保機埋葬之處爲「祖陵」、遼太宗耶律德光之墓爲「懷陵」、遼世宗耶律阮葬身之所爲「顯陵」、遼穆宗耶律璟之墓爲「祔懷陵」等。

帝王如此，一般契丹民眾必然是有樣學樣，捨舊有葬俗，而採土葬，近年中國考古學家在內蒙古自治區發掘大量遼墓群，可見契丹族建立政權後，在葬俗上已經採用漢人的墓葬之俗了。

髮式

凡人類幾乎都有頭髮，而頭髮會生長，如何處理頭髮，也就是髮式，在古代各民族均不相同，因此髮式有時也成爲區別民族的方式。

孔子曾說：「微管仲，吾其披髮左衽矣。」可見髮式確實代表一個民族的形象，古代時處理頭髮的方式不外束髮、披髮、辮髮及髡（音「坤」，剃髮之意）髮這幾種方式，現在且將這幾種髮式酌予介紹如下：

一、束髮

這是古代華夏民族或後來漢人的傳統髮式，就是將頭髮紮成一束，而後挽在頭上盤成髻狀，以笄或簪予以固定，或在髻之上加以冠。

二、披髮

北方草原各游牧民族的髮式多爲披髮。所謂披髮，並非披頭散髮，而是將頭髮拖向身後，或垂於肩、或垂於背，並在髮末端束一結，不讓頭髮散亂。中國考古學者曾在陝西省長安縣客省莊發掘一匈奴墓葬，其中有一透雕銅飾，所呈現的人物都是披髮。諸胡列國時代時，匈奴族劉淵所建之漢，其後被劉曜篡立而改國號爲趙，故多稱「漢趙」；及源於今中亞烏茲別克首都塔什干（Toshkent）一帶，已經匈奴化的羯族所建立之「後趙」，就應該都是披髮的。

附圖就是陝西省長安縣客省莊出土匈奴墓葬中透雕銅飾，圖中所出現兩個在摔角的匈奴男子，都是披髮，很清楚看出在披髮末端結成一束。

三、辮髮

魏晉時，東晉、宋、齊、梁、陳的史書，都稱鮮卑拓跋部建立的北魏為「索虜」或「索頭虜」。所謂「索」、「索頭」就是指辮髮而言，這種說法直至北宋《資治通鑑》等史書都作如此記載，胡三省注《資治通鑑》時就指稱：「索虜者，以北人辮髮，謂之索頭也。」（《資治通鑑・魏紀一》）足證當時鮮卑民族為辮髮。

摔角匈奴人

所謂辮髮，就是將頭髮編成辮子，挽在背後。從史實看，鮮卑系及肅慎系（渤海、女真）民族，都是辮髮，從甘肅省酒泉丁家閘發掘出一座大型墓葬，墓壁壁畫經考證為諸胡列國時代的作品，當時甘肅實際上是胡、漢雜居，甚至是胡族多於漢人的地方。

四、髡髮

所謂髡髮，是指頭髮長到一定長度即予剪短，烏桓（丸）就是採髡髮制，另外匈奴某些部落也採髡髮之俗，如《三國志・魏書・烏丸傳》就稱：「烏丸者，東胡也；……悉髡頭以為輕便。」可見烏桓確採髡髮之俗，另《北史・宇文莫槐傳》稱：「匈奴宇文莫槐，出遼東塞外，其先南單于之屬也。……人皆剪髮而留其頂上，以為首飾，長過數寸則截短之。」《北史》雖載：「其先南單于之遠屬也」，所謂「遠屬」並未指明其為匈奴族，甚至可指為「偏遠之部屬」，其實北方草原游牧民族的民族意識並不強烈，君不見匈奴強盛時，「諸引弓之國皆號匈奴」。

從此項記載，可見烏桓或宇文，確有髡髮之俗，前面《三國志・魏書・烏丸傳》說過契丹可能為烏桓之遺胤，因此契丹有髡髮之俗，而烏桓或鮮卑都曾是東胡的一支。

此外，據《契丹國志》載有：「又有渤海首領大舍利高模翰兵，步

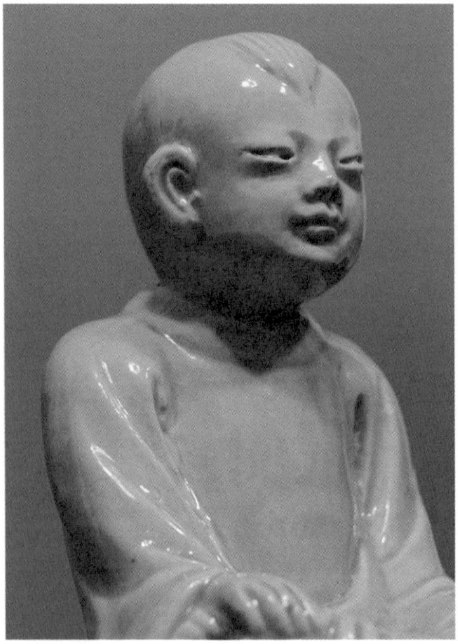

按契丹習俗，男子多作髡髮。髡髮是將頭頂部分的頭髮全部剃光，只在兩鬢或前額部分留少量餘髮作裝飾，有的在額前蓄留一排短髮；有的在耳邊披散鬢髮，也有將左右兩綹頭髮修剪整理成各種形狀，然後下垂至肩。

騎萬餘人，並髡髮左衽，竊爲契丹之飾。」從此項記載，可見契丹民族之髮式爲髡髮。

另據考古學家在今中國內蒙古自治區通遼市庫倫旗所發現遼代墓群壁畫等資料，可以明確發現契丹人的髮式，大致如下：先將頭髮分爲兩綹，分垂兩耳前或耳後，額前有蓄髮或不蓄髮（王慶澤，〈庫倫旗一號遼墓壁畫初探〉《文物》第九期，一九八三年），從而可見契丹民族確實爲髡髮。

宗教信仰

有人類之始，幾乎就有信仰，這點從近現代在世界各地所發現山洞裡的岩畫可以得到證實，不過從信仰到宗教，中間還有一段很長的距離，宗教是後期的「產物」，而且有其必要的條件：自有之神、自有之經典、專業之神職人員、公開固定之禮拜場所、神職人員有傳統之服飾、有傳統之禮拜、儀軌、趨吉避凶、最後審判等條件，缺一即不得稱爲宗教（詳情可參見胡耐安，《邊疆宗教》，臺北蒙藏委員會）。信仰則無需具備這些條件。

初民時代幾乎都是泛靈的薩滿信仰，契丹民族也不例外，據《遼史．地理志》所載：「……相傳有神人乘白馬，自馬盂山浮土河而東，有天女駕青牛車由平地松林泛潢河而下，……每行軍及春秋時祭，必用白馬青牛。……」

這項記載充分顯現契丹人萬物有靈的泛靈信仰，認爲以白馬青牛爲圖騰信仰的兩個部落，互通婚姻繁衍後代。故凡出兵作戰前，必以白馬、青牛爲犧牲以祭祀天地，以白羊骨炙卜，由太巫占卜與主持各種原始祭祀儀式。契丹建國後，遼帝之祭山儀、歲除儀、瑟瑟儀（射柳祈雨）這些傳統信仰，仍然由巫師負責祝禱行禮，可見雖建立朝代，契丹仍保留有傳統的薩滿信仰。

契丹民族崇拜太陽，所以向東爲尚。此外，從契丹民族古老傳說中的三位首領：乃呵、喎呵以及晝里昏呵充滿神話色彩與祖先崇拜的故事中，就可以看出契丹民族從傳說時代演進到游獵，乃至游牧時代的過程，這個過程與其他民族的演進完全一致，可見這些古老傳說所具有的歷史意義。

遼政權建立後，統治地區除今中

《契丹藏》是中國遼代官修的第二部大藏經，比北宋的《天寶藏》推後二十年。《契丹藏》是隨著大量遼金石經的出土被發現並在後來得以證實的。圖為一九五七年北京房山石經山遼金石經出土現場。

國東北各省區外，還包含今華北各省，在這片土地上的漢人，原多皈依佛教，僧侶自然會向尚未奉佛的契丹民族傳播人生無常、六道輪迴、諸善奉行、諸惡莫作的佛教理論，於是契丹人紛紛皈依佛教，匍匐在佛陀座前而向之頂禮膜拜。

如此積極的傳教之下，契丹人不但信奉佛教，甚至到了佞佛的程度，皇室常不恤民力，大肆興建寺塔，如在今山西省朔州市應縣城內西北佛宮寺內興建的釋塔，即為今日有名的「應縣木塔」，這座木塔據說是遼道宗清寧二年（北宋仁宗嘉祐元年，西元一〇五六年）命田和尚募建，木塔建造在高約四公尺多的臺基上，分上下兩層，上層的臺基和月臺各角都有角石，從角石上突起的石獅子來看，雕鑿風格古樸，經專家學者鑑定，認為應該是遼代遺物。

木塔總高六一．三一公尺，其中塔剎高約十公尺，塔平面呈八角形，底層直徑為三〇．二七公尺，從外表上看木塔有五層，且各層又夾有暗層，所以若從內部登塔，則實際有九層，底層為重檐並有迴廊，整座木塔比例勻稱，外形顯得穩重而莊嚴。且如此一座巨大高聳的木塔，竟然沒有使用一根釘子，距今已有九百五十多年之久，卻依然屹立如故，這種建築技巧，很值得後人研究與敬佩。

從山西應縣木塔可以看出契丹人佞佛之深，有遼一代的佛教寺塔建築，當然不只應縣木塔，只是這座木塔名氣特別響亮。

事實上，在遼朝版圖之內，各種佛教建築可說是遍布各地，從而可見契丹民族已從原始的、泛靈的薩滿信仰，過渡到佛教信仰，縱使如此，有遼一代仍然保留一些傳統泛靈信仰遺跡，如上文提到的祭山儀、歲除儀等。

應縣木塔　遼代崇信佛教，在境內廣修佛教寺廟。今山西省應縣的木塔高六層，全為木造，不用一根釘子，其建築藝術之美，讓世人驚嘆。

服飾

很多時候，服飾也可以用來區別民族，春秋時代孔子所說的：「微管仲，吾其披髮左衽矣」，就可以證明右衽是中原華夏民族或漢人的服裝特徵，而左衽則是北方諸游牧民族的特色。

但爲何衣衽有左右之分別？從現有文獻上，似乎都找不到合理的解釋，我們只能師心自用，試圖從地理環境推論，北方諸游牧民族生活空間廣大，通常都是以馬代步，而長城以北，氣候明顯不同，冬季不但長且奇寒無比，加上騎馬的習慣通常是右肩向前。如爲右衽，則寒風將從縫隙中吹進，令人難以忍受，因此才改爲左衽。當然這僅爲大膽推測，是耶？非耶？仍有待更深入的探討和研究。

事實上，自諸胡列國時代以後，在生活習俗上，胡漢民族彼此互相吸納、混融，早已不再嚴格區分所謂右衽或左衽。

如《北齊書．王紘傳》有如下一段記載：「王紘字師羅，太安狄那人也，爲小部酋帥（可見王紘極可能爲胡族）。父基，頗讀書，有智略，……紘少好弓馬，善騎射，頗愛文學。性機敏，……年十五，隨父在北豫州，行臺侯景與論掩衣法當爲左、當爲右。尚書敬顯儁曰：『孔子云：微管仲，吾其披髮左衽矣！以此言之，右衽爲是。』紘進曰：『國家龍飛朔野，雄步中原，五帝異儀，三王殊制，掩衣左右，何足是非！』（侯）景奇其早慧，賜以名馬。」

侯景（西元？～五五二年），懷朔（約今內蒙古自治區包頭市固陽南）人，也可能爲胡族之後。懷朔爲北魏時的六鎮之一，侯景縱非胡族，也極可能爲胡化之漢人，初爲北魏爾朱榮帳下將領，後降南朝梁，此段對話，是他在北魏時事，當時官銜爲行臺，即魏晉時專爲征伐之官，爲尚書省之派出機構，總攬一方軍政。

遼代婦人啓門圖。畫中婦女，著直領短上衣，長裙拂地，反映了契丹婦女的服飾特徵。

侯景在與尚書敬顯儁討論衣著究竟應以右衽或右衽爲是時，尚書敬顯儁引孔子之說，認爲應以右衽爲是，但王紘則以爲北魏龍興朔漠，征服中原，況且三王、五帝各有不同儀式制度，因此無論左衽、右衽都是合適的，無所謂對錯。侯景覺得王紘之說頗有見地，還特別賜以名馬。

可見在諸胡列國南北朝時，中原地區已經不堅持右衽。據考古學者在今中國河北衡水市景縣出土的封氏墓北朝著褶陶俑，檢視其服裝左衽、右衽都皆有（如附圖）。生活習俗本來就或多或少會向四周傳播，契丹民族興於今遼河、潢水一帶，其地在五個世紀前，原是鮮卑慕容部前燕的大本營，前燕境內又曾吸納大量漢人前往墾殖，早已是胡漢文化混融地區。

在這種歷史背景下，契丹民族在服飾上，應不至有太大突出之處，因此在文獻上也很難找到相關記載，幾經查尋，終於在《北史》中找到有一段關於契丹嫁娶時的服飾記載如下：

「……熙平中，契丹使人初眞等三十

還，靈太后以其俗嫁娶之際，以青氈爲上服，人給青氈兩匹，賞其誠款之心……」

這裡所謂熙平，是北魏孝明帝（西元五一六～五二三年在位）的年號，熙平共三年（西元五一六～五一八年），熙平中，契丹曾遣使初眞等三十人到魏都洛陽貢獻，孝明帝之母靈太后了解契丹人嫁娶之際以青氈（音「門」，指細毛製成的毛氈）爲上服，所以賞賜這批使者每人青氈二匹，以嘉勉契丹誠款之心。青氈可能類似今日的披風，也就是說契丹人在嫁娶時，有披上青色毛氈的習俗，至於其他服飾則未見描述，很可能跟北魏人民衣著並無多大差異，不然《北史》理應加以描述。

遼代・瓷器

至於北魏鮮卑人的服飾又是什麼情形呢？關於鮮卑服飾，最早見諸文獻的描述是《楚辭・大招》：「姱修滂浩，麗以佳只！曾頰倚耳，曲眉規只！滂心綽態，姣麗施只！小腰秀頸，若鮮卑只！魂乎歸來，思怨移只！」

《楚辭》是戰國時楚國大夫屈原（西元前三四〇～前二七八年）所撰，他極有可能親眼目睹鮮卑人的服飾是「小腰秀頸」，這跟中原華夏民族或長江流域的楚人，在服飾上有絕大的不同，當時中原（含楚人）人的服裝

河北景縣遼墓出土之北朝陶俑　此圖引自呂一飛《胡族習與隋唐風韻——魏晉南北朝北方少數民族社會風俗及其對隋唐的影響》一書，北京書目文獻出版社，一九九四年。另朱大渭、劉馳、梁滿倉《魏晉南北朝社會生活史》書後附錄圖三十，北京中國社會科學出版社，一九九八年。

是寬大的上衣下裳，與鮮卑的「小腰秀頸」，可說是天差地別，所以屈原才將之納入《楚辭》。

稍後趙武靈王（西元前三二四～前二九九年在位）又有「胡服騎射」之舉，從此華夏或後來的漢人，在服飾上多向胡服傾斜。到了東漢靈帝（西元一六八～一八九年在位）時，傾斜的幅度更大了，且看《後漢書・五行志》所載：「靈帝好胡服、胡帳、胡床、胡坐、胡飯……京都貴戚皆競為之。」俗語說：上有好者，下必甚焉，帝王、貴戚既喜好胡服，一般庶民自然更是趨之若鶩了。

及至西晉武帝時（西元二六五～二九〇年在位），更是徹底胡化，據《晉書・五行志》稱：「（晉武帝）泰始之後（約二六五年），中國相尚用胡床貊槃……（晉武帝）太康（西元二八〇～二八九年）中，又以氈為絔頭及絡帶褲口。」

可見自戰國至西晉，漢人在服飾上傾向胡化，乃是不爭事實。雖然北魏孝文帝太和十八、九年（西元四九四、四九五年）推行華化政策，其中有禁服一項，然而幾無成效，孝文帝曾親到魏都洛陽街上巡視，見街上婦女衣著仍然是原有傳統的鮮卑式，所以責備留京的官員說：「昨望見婦女之服，仍為夾領小腰。」

所謂「夾領小腰」與《楚辭》所說的「小腰秀頸」幾無二致，可見「胡服」已成漢人服飾的主流；所以宋人沈括（西元一〇三一～一〇九五年）在其所著《夢溪筆談・卷一・故事・胡服》中曾稱：「中國衣冠，自北齊以來，乃全用胡服，窄袖、緋綠短衣、長靿靴，有鞢䪆帶，皆胡服也。窄袖便於騎射，短衣長靴皆便於涉草，……。雖王庭亦在深荐中。予到胡庭日，新雨過，涉草，衣褲皆濡，唯胡人都無所沾。帶衣所垂鞢䪆，蓋欲佩帶弓劍，帉帨、算囊、刀礪之類。自後雖去鞢躞，如馬之鞦根，即今之帶銙也。天子必以十三環爲節，……本朝加順折，茂人文也。」

這裡所說的鞢躞（鞢躞均音「洩」）帶，就是腰帶上的小帶子。用以佩掛弓、劍、帉帨（手巾）、算囊、磨刀石之類。沈括曾奉命出使契丹，這些都是他所親眼目睹到的「實景」，有其可信度，這裡且引北京中國歷史博物館所藏展的一幅《射獵圖》大略可以看出契丹人的服飾。

此外，南宋大儒朱熹更直接指明唐宋以來，漢人服飾胡化過程，朱熹《朱子語類》說：「而今衣冠未得復古，且須辨得華夷，今上領衫褲，皆胡服，本朝因唐，唐因隋，隋因（北）周，周因元魏。」由此可見自鮮卑拓跋氏建北魏後，漢人服飾實際上是逐漸向鮮卑族服飾方向融合的，而契丹是鮮卑的餘緒，所以，也可以說契丹民族的服飾是當時（西元九一六～一一二五年）中國服飾的主流。

契丹民族的習俗當然不只以上所說的四項，只是限於資料取得不易及本書篇幅所限，對契丹民族的習俗，僅能介紹至此。

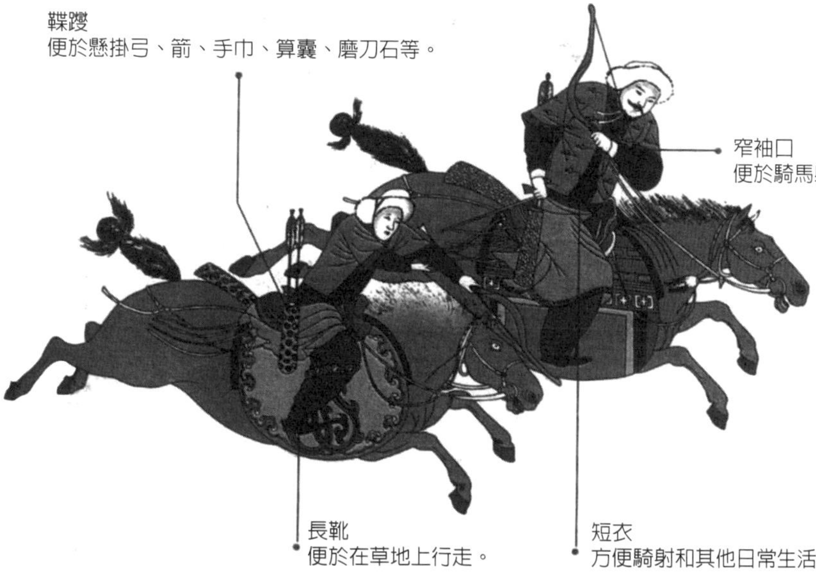
鞢躞
便於懸掛弓、箭、手巾、算囊、磨刀石等。
窄袖口
便於騎馬射箭。
長靴
便於在草地上行走。
短衣
方便騎射和其他日常生活。

《射獵圖》　本圖引自費道明編白話圖解本《夢溪筆談》山東美術出版社，二〇〇八年，頁三十七。

第三章 大遼王朝誰創立，英雄當數阿保機

阿保機之崛起

耶律阿保機家族，歷代都是契丹遙輦氏的「夷離堇」。夷離堇是契丹語，意爲統領軍馬的大官，可以延伸爲「大王」之意。耶律氏族長期執掌契丹，如撒剌的之弟述瀾曾經率軍北征于厥、室韋，南伐易、定、奚、霫等地，此外還設立城鎮，教導人民種植桑麻，休養生息，早已胸懷大志。而且耶律氏自涅里以來，歷經八代努力，勢力已經迅速擴張，耶律氏的野心，已不再是夷離堇這屈居人下的職位所能滿足。

耶律阿保機名億，阿保機是他的字，另有小字啜里只，生於唐懿宗咸通十三年（西元八七二年）。

耶律阿保機出生時充滿傳奇色彩，但青少年時期的他似乎並沒有做出什麼特別的大事。《遼史·太祖本紀》對他從兩歲到二十九歲，長達二十八年的時間都沒有特別記載。到唐昭宗天復元年（西元九〇一年）時，契丹痕德堇可汗初立，封耶律阿保機爲耶律部夷離堇，專事討伐。

耶律阿保機上任之後，連破室韋、于厥以及奚部，俘獲許多物資和人質。同年十月，阿保機被擢升爲大迭烈府夷離堇，從部落大王升至中央

阿保機誕生傳說

　　關於耶律阿保機的出生，有一段傳說。

　　《遼史》有載：「初，母夢日墮懷中，有娠。及生，室有神光異香，體如三歲兒，即能匍匐。」說生他時滿室生香且有神光，大如三歲幼童，一出生就能夠爬動。所以他的祖母「鞠（養育）為己子。常匿於別幕，塗其面，不令他人見。」可見他生下來後就由祖母撫養。而且才三個月大，阿保機就會走路，而且「晬而能言」，晬（音「罪」）指嬰兒周歲，也就是說，他才周歲就會說話。更奇特的是他「知未然事」，能預知未來的事。

大王。

　　唐天復二年（西元九〇二年），阿保機又率兵四十萬伐河東、代北，攻下九個郡，俘獲九萬三千多人，以及多不勝數的駝、馬、牛、羊。

　　《遼史》稱阿保機率軍四十萬，這就稍顯誇張了。以當時國情，契丹不可能有四十萬大軍。因爲安史之亂發生前，即正處於盛世頂峰的唐天寶元年（西元七四二年），中國人口也只有四千八百多萬人。大唐疆域何其廣闊，全國人口尚且僅四千八百多萬，偏處西遼河一隅的契丹，怎麼可能動員四十萬大軍？（以上人口資料，採自魏勵，《中國文史簡表匯編，中國歷代人口簡表》，北京商務印書館，二〇〇七年，頁一八八至一八九）

　　隔年（西元九〇三年），阿保機又率兵伐女真，俘獲女真人三百戶。接著，他進攻唐河東懷遠（今安徽省北部）、薊北（今北京市），也均有所斬獲。稍早撒剌的掠奪奚人七千戶，並把這些人口遷到饒樂水（今內蒙古自治區西拉木倫河）清河，這時阿保機再將這些奚人設爲奚迭部，分爲十三個縣。眼見阿保機的勢力愈來愈強大，痕德堇可汗就拜阿保機爲于越，「于越」是官名，地位在南、北大王之上，僅適於加封有大功者。可見此時阿保機已能總管契丹軍國大事，地位僅次於可汗。

遼唐邊境態勢

　　唐昭宗天佑元年（西元九〇四年），耶律阿保機發兵討伐里車子室韋，唐盧龍節度使劉仁恭派養子趙霸領兵數萬前去攔截。當趙霸大軍到達武州（今甘肅省隴南市）時，即被阿保機偵查察知，就在桃山（今北京市境內）下埋伏重兵，另外派室韋人牟里到趙霸營中，謊稱奉了室韋酋長之命，邀趙霸率兵在桃山下平原會兵，一同對抗契丹大軍。趙霸信以爲眞，率領大軍到了平原，等候室韋部隊，正中阿保機之計，埋伏在桃山四周的契丹軍隊因此勢如破竹大獲全勝，生擒趙霸，並且大破室韋。從此，阿保機實力大增，已經可以與大唐對抗，但是此時的阿保機並不急於出兵攻唐。

遼太祖耶律阿保機　此塑像以遼太祖耶律阿保機騎馬挽弓的姿態為題，敘述這個游牧民族領袖的戎馬一生，現位於內蒙古自治區巴林左旗契丹廣場內。

劉仁恭深知契丹人的習性及其虛實，所以用心選將練兵。每年秋季，他便越過摘星嶺（今不詳）攻擊契丹，迫使契丹應戰，以此方式消耗契丹糧草，使契丹人難以度過寒冬。不僅如此，劉仁恭更派兵放火將邊境的青草燒個精光，使以游牧爲主的契丹缺乏草料，逼得痕德堇可汗不得不以大批良馬賄賂劉仁恭，以換取沿邊牧場。所以契丹人早就對劉仁恭恨之入骨，只因他手握重兵，所以對之始終無可奈何。

此時的河東節度使李克用與劉仁恭向來不和。唐昭宗天祐二年（西元九〇五年）初，李克用得知契丹人與劉仁恭之間的矛盾，而契丹大軍全由耶律阿保機掌握，於是李克用就派通事（外事人員或翻譯官）康令德和契丹結盟，拿劉仁恭沒轍的契丹與前來結盟的李克用馬上一拍即合。同年十月，李克用和阿保機互換袍服約爲兄弟，李克用借契丹兵痛擊劉仁恭，令劉仁恭損失數州，阿保機又趁機掠奪更多人口與牲畜。

第二年（天祐三年，九〇六年）阿保機再度進攻劉仁恭。據《遼史》載，這年，唐梁王朱全忠也遣使從海上到遼西，向阿保機「奉書幣、衣帶、珍玩來聘。」朱全忠本名朱溫，宋州碭（音「當」）山（今安徽省碭山）人，漢族，生於唐懿宗大中六年（西元八五二年）。最初曾參加黃巢起事（約八七五至八八四年），後來降唐，才被唐僖宗賜名爲全忠。

朱全忠向來有篡唐之心，而雄峙於東北的耶律阿保機勢力正如日中天，若能結爲外援，對彼此都有好處，再加上李克用和朱全忠水火不容，因此朱全忠和契丹友好，更可以牽制李克用。因此，《遼史》的記載應該是可信的。

天祐三年十一月，阿保機派偏將討伐奚、霫各部以及東北女真，獲得大勝，各部也都歸降契丹。十二月，痕德堇可汗去世，契丹群臣擁耶律阿保機就位。

於是就在後梁（由朱溫所建）開平元年（西元九〇七年），耶律阿保機即可汗位。

不過眞實情況可能沒那麼簡單，因爲根據《五代會要》所載，開平二年（西元九〇八年）時，痕德堇可汗和耶律阿保機還曾各自遣使到後梁都城開封，史實敘述明顯有所出入，可惜眞實情況今已不可考；另據《新五代史》記載：「（契丹）八部之人以爲遙輦不任事，選於其眾，以阿保機代之。」也就是說，八部大人不滿痕德堇可汗上任以來的消極政策，而以阿保機「取代」之，比較起來，這應該是比較合理的說法。

遼之五京

耶律阿保機雖即可汗位，不過契丹這時許多典章制度都還沒建立。契丹爲游牧民族，阿保機縱然貴爲可汗，卻無固定的宮殿居所，只是居住於較大且華麗的帳篷中而已。進入中

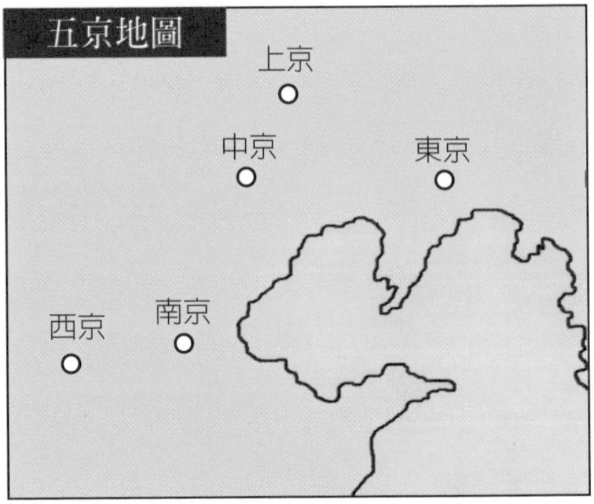

原建立遼朝之後，契丹人居無定所的積習一時間並沒有改變，只是將可汗常駐蹕的地方定爲都城，所以遼代共有五個都城，說明契丹族雖然建立王朝政權，但還是沒有脫離草原游牧習慣。

契丹建國初時，認爲漢人所建立

遼上京遺址南城牆豁口，內蒙古巴林左旗林東鎮。上京為遼代五京之一，遼太祖耶律阿保機於神冊三年開始興築，初名皇都，天顯元年擴建，天顯十三年改稱上京，並設立臨潢府，為遼代五京之首。

的國家都一定有都城，所以就在今天內蒙古自治區赤峰市巴林左旗南波羅城建了一座宮城，象徵契丹王朝也是一個有都城的國家。其他四個都城，都是在掠得一大片土地之後，便在其中找一個適當地點，設立官署，稱爲都城，目的是便於統治這一大片土地。這跟傳統意義上的都城出入很大，倒有些像近代的軍區，每個都城都作爲契丹向外擴張的前進基地。

關於遼上京有個傳說，據稱一天阿保機到了天梯山、蒙國山、別魯山這三座山之間，覺得這些山脈有龍蟠虎踞的氣勢，而此時天上的雲彩又變化萬千，當下就想把契丹根本立足之地設在這裡，但是此處地勢寬闊，應該以哪裡爲好呢？耶律阿保機靈機一動，就取出一支箭搭在弓上，向上蒼禱告後奮力拉滿弓，向空地射出，之後就在箭落之處建立行宮。到他稱帝的第三年（神冊三年，九一八年），就在這裡建立了一座城，稱之爲皇都。

遼上京南塔　遼上京是遼代最早建立的都城。之中的南塔位於今上京遺址南方，佛塔高聳，風鈴飄鳴，誦經聲聲，一派佛國盛世景象。

遼太宗耶律德光於天顯年間（西元九二七至九三八年）擴建城垣，修築宮殿。太宗天顯十二年（西元九三八年），耶律德光與後晉石敬瑭合作，得到燕雲十六州，

天寧寺塔　天寧寺塔的建成時間約為遼末（西元一一〇〇～一一二〇年），現址在北京市廣安門外，是為遼南京。

於是契丹雄踞中國北方，同年改國號爲「遼」，改皇都爲上京，所治之處稱臨潢府。

上京瀕臨潢河，土地寬廣、農牧兩宜。這時契丹已經俘獲了許多漢人，他們帶來了農耕、土木營建技術，爲營造上京提供有利的條件。於是在漢人官員韓延徽、康默記、賈去疑等人的規畫下，契丹參照幽州的規格，建造出一座美輪美奐的都城。

上京其實是由兩座城所組成，北邊皇城是貴族區；南邊漢城是平民區，兩座城之間有一條叫白音戈洛的河穿過；城市採坐西向北東南方式，跟中國傳統坐北朝南不同，但與草

遼中京遺址　遼宋澶淵之盟後，契丹為便於與中原交往，遂利用北宋每年所納歲幣，徵集燕雲地區遷來的漢族工匠，在遼聖宗統和二十五年（西元一〇〇七年）興築規模宏大的陪都，中京大定府城。城址遺蹟現仍明顯可見，除東南角被老哈河沖毀外，部分城牆殘高仍達四公尺。

原游牧民族搭建毡帳的方向一致，可見這座上京是胡漢文化融合的建築。

其他四京，東京在今遼寧省遼陽市，從戰國時代到西晉（西元前四七六～西元三一六年）皆稱爲襄平，東晉末年，高句麗占領遼東，改稱遼東城，後來渤海國時稱爲遼陽。契丹設此地爲東京。東京就是爲了要控制渤海人民以及新占領的渤海土地。東京的規制大致跟上京相似，也是由胡、漢分立的兩座城所組成。

南京址位於今天北京，這座老城歷史悠久，遼代只是稍作修葺，所以沒有添加什麼契丹族的特色，不過天寧塔寺、大覺寺、白塔寺、牛街清眞寺等等遼代留下的建築物，即使到了今天，仍然是遊覽北京很值得觀賞的名勝古蹟。

南京古稱幽州，此地背枕燕山，西憑太行山，東臨渤海，南控黃淮平原，具有重要戰略意義，自古以來就是歷朝歷代的北方國防重鎮，在遼代時也不例外。南京即是遼的政治、經濟、文化和軍事中

遼西京就是今天山西省大同市，此地東連太行山， 西接黃河，北連蒙古高原，南眺晉陽大地 此圖為20世紀30年代，山西大同的城牆。

心。

遼景宗乾亨元年（北宋太宗太平興國四年，九七九年），宋太宗伐北漢，北漢求援於遼，但仍爲宋所敗。四月，宋兵圍太原（今山西省太原市），五月北漢降宋；六月，宋以攻北漢的兵伐遼，圍南京，附近各州多降於宋。七月，遼援軍到南京，雙方在高梁河（今北京市西北）大戰，宋兵大敗，從此形成宋遼對峙局面，可見南京對遼的重要性。

到了遼朝末葉，宋金聯合攻遼，遼天祚帝保大二年（北宋徽宗宣和四年，一一二二年），幾度交戰之後，北宋占領南京，改稱爲「燕山府」。三年後，遼保大五年（北宋徽宗宣和七年，一一二五年），這座城又被女眞所建立的金占領。

中京是遼朝中期所設，城址在今內蒙古自治區赤峯市寧城縣鐵匠營子鄉與大明鎭之間的老哈河北岸（又稱土河）。該城北鄰七金山，南眺馬盂山，東北有雙山，城南瀕老哈河，土質肥沃，水草豐美，適宜農耕。據傳，遼聖宗耶律隆緒路過七金山下的老哈河時，與眾大臣「南望雲氣有郛郭樓闕之狀」，以爲上天啓示這裡是不尋常之地，故在此建立中京。

中京的規畫跟上京有很大的差別，城垣和建築物都採南北走向，和漢人建築風格一致，由此也可看出契丹人已經逐漸融入漢文化之中了。建立中京與接待北宋使者及遼朝社會南北經濟發展有關，但更重要的則是爲了能有效的控制「異種同類」的奚族。加上當時北宋派往遼的使臣，都要路過中京，如沈括、宋綬、路振、薛映、王曾等北宋使臣，因此對遼宋間的文化交流產生了極大影響。

遼西京就是今天山西省大同市，此地東連太行山，西接黃河，北連蒙古高原，南眺晉陽大地，境內山巒起伏，地勢極爲險要，自古以來就是北方草原游牧民族「南下牧馬」時必爭之地，素有「北方鎖鑰」之稱。

從戰國時代起，大同（時稱平城）就已是軍事重鎮。鮮卑拓跋氏所建的北魏也建都平城，直到北魏孝文帝太和十五年（西元四九二年）遷都洛陽時，大同作爲北魏都城已長達一○六年（西元三八六～四九二年）。契丹得到燕雲十六州後，大同就成爲軍事重鎮，遼興宗重熙十三年（西元一○四四年），大同被立爲西京，目的是爲加強對西夏的施壓，進而征服西夏。

遼的政治特點

遼雖設有五京，但這些都不是政治中心。眞正的政治中心是皇帝的四時「捺缽」，及隨皇帝出動的「斡魯朵」。「捺缽」，就是遼朝皇帝的出巡活動，春季時主要是捕鵝、釣魚；夏季則是避暑以及與北、南樞密院大臣討論政事；秋季主要爲狩獵，其中，射鹿是狩獵的主要目標；冬季爲避寒、獵虎、北、南大臣討論政事，以及接受朝賀。

皇帝在「捺缽」時，契丹官員及部分漢人官員要扈從隨行，所以遼朝的中央政府是隨著皇帝而移動，並沒有固定在某一個都城。

雙軌政治制度

除此之外，遼朝另有許多特殊措施，例如承襲了歷代胡族王朝，如諸胡列國及北朝的「雙軌政治制度」，即採取兩套制度。諸胡列國中，統治者雖然是胡族，但人數並不占絕對優勢，遠不如被統治者。爲了適應這種

契丹與漢人融合的四個階段表

階段	紀年與大事紀	對融合之態度	重要行動（文化演變之動態）
第一階段 克難自強時期	神冊以前 （西元九〇一～九〇七年）	契丹族自立更生，克服生活上之困難	一、契丹與漢文化初步接觸，遭遇漢人邊吏燒毀牧草。 二、耶律阿保機努力向西發展，克服劉仁恭壓迫，伸張勢力及於長城之內。 三、聯合太原李克用，採遠交近攻策略，向南攻城掠池。
第二階段 墾荒南進時期	自神冊建號至獲得燕雲十六州 （西元九〇七～九三八年）	與漢人進行融合	一、收容來奔漢人，遷徙關內俘虜，利用漢人韓延徽等人教導開墾、種植，婚配授業，使境內漢人安居。 二、有計畫建築漢式城邑，創立村鎮，發展農業。 三、大舉援助石敬瑭，戰勝後唐，正式獲得燕雲十六州。
第三階段 胡漢兼容時期	自會同至澶淵盟約 （西元九三八～一〇〇四年）	有限度接受漢文化，採胡漢兼容政策	一、設置南、北面官，採胡、漢分治政策。 二、實行考試進仕，嚴禁契丹人參加。
第四階段 胡漢合流時期	自澶淵盟約至北宋謀復燕雲 （西元一〇〇四～一一二五年）	聽由胡漢文化融合	一、科舉制度日趨發達，契丹人也開始參加科舉，如耶律大石即曾參加。 二、契丹立君制度逐漸改變，確立嫡長世襲制。 三、胡漢文化逐漸合流，契丹王朝瓦解後，在華北的契丹人逐漸融入漢人。

頭下軍州表

頭下軍州名稱	所在地點	建立情況（建立者或所有者）	附注
徽州宣德軍	中京道宜州北二百里	景宗女秦晉大長公主	擁有媵臣萬户
成州長慶州	中京道宜州北一百六十里	聖宗女晉國長公主	媵臣四千户
懿州廣順軍	東京道羅州東北二百里	聖宗女燕國長公主	同上
渭州高陽軍	東京道顯州二百五十里	駙馬都尉蕭昌裔	媵臣一千户
壕州	東京道顯州二百二十里	國舅宰相建	漢民六千
原州	東京道東北三百里	國舅金德建	漢民五百
福州	原州北二十里	國舅蕭寧建	漢民三百
横州	遼州西北九十里	國舅蕭克忠	牧民二百
鳳州	東京道韓州北二百里	南王府五帳分地	四千户
遂州	南京道檀州西二百里	南王府五帳放牧地	五百户
豐州	上京南三百五十里	遙輦氏僧穩牧地	五百户
順州	東京道顯州東北一百二十里	横帳南王府建	燕薊户一千
閭州	遼州西一百三十里	羅古王牧地	一千户
松山州	上京南一百七十里	横帳普古王牧地	五百户
豫州	上京北三百里	横帳陳王牧地	五百户
寧州	豫州東八十里	横帳管寧王牧地	三百户
烏州靜安軍	上京道	北大王占牧地	一千户，後收歸興盛宫
宗州	東京道	耶律隆運以所俘漢民建	後歸文忠王府
貴德州寧遠軍	東京道（原漢襄平縣）	太宗時察割以所俘漢民置	後以殺逆誅，軍沒收

遂州	東京道	宋訪使耶律頗德以部下漢民置	後以嗣絕沒入，隸延昌宮
雙州保安軍	東京道	太宗漚里僧王俘鎮定民置	察割殺逆沒入，屬崇德宮
榆州高平軍	中京道	太宗時橫帳解里以俘鎮州民置	開泰（聖宗年號）中沒入
州長寧軍	中京道	太祖弟耶律安端置	原名百川州，察割殺逆沒入，隸文忠王府

十二宮一府表

帝王稱號	宮衛名稱
太祖耶律阿保機	弘義宮
應天太后	長寧宮
太宗耶律德光	永興宮
世宗耶律阮	積慶宮
穆宗耶律璟	延昌宮
景宗耶律賢	彰愍宮
承天太后	崇德宮
聖宗耶律隆緒	興盛宮
興宗耶律宗真	延慶宮
道宗耶律洪基	太和宮
天祚帝耶律延禧	永昌宮
孝文皇帝之弟耶律隆慶	敦睦宮
丞相韓知古（後賜姓耶律）	文忠王府

情況，胡族王朝採取兩套制度，各國幾乎都設立了單于臺或燕臺，分別治理胡族及其他各族。

例如匈奴族劉淵建立的「漢趙」政權就有兩套政治制度，其他胡族王朝也大多是如此。

契丹統治北中國之後，該地因以漢人居多，所以遼也採行雙軌政治制。遼朝在官制上分南、北兩面，南面樞密院管轄漢人以及州、郡、縣；北面樞密院管轄包括契丹族在內的各少數民族，南、北樞密院統歸皇帝管轄。皇帝與南樞密院官員均穿漢服，太后與北樞密院官員則著胡裝。

融胡入漢

遼將胡、漢分治定爲制度的創舉，具有劃時代意義，因爲之前諸胡列國時代雖有胡、漢分治，但都未形成制度。遼朝統治者深知在數量上占絕對優勢的漢人，歷史傳承悠久，更擁有較先進的文明，不可能化漢爲胡，只有設法在保有契丹人優先的前提下，融胡入漢。所以在胡漢融合時，契丹人有其時代性的作法。經參考相關文獻，約略可以分爲四個階段，如下頁所示。

頭下軍州

頭下軍州是遼代又一獨創的措

施，也是另一需要解釋的特殊制度。

「頭下」也寫作「投下」，遼朝把一塊地方連同之中的人民都賜給建有軍功的契丹貴族，讓這塊地方成爲貴族的領地和私人財富，這就是頭下軍州。頭下軍州地位跟一般州相同，除節度使外，刺史以下官吏皆由軍州首領的部屬擔任。也就是說，頭下軍州其實就是契丹諸王、外戚、大臣、公主的私人領地。

至於地位不夠顯赫或所建軍功不夠大，尚不足以設立軍州者，就設「軍」，他們也擁有領地和人民，只是地小人少而已。

頭下軍州或軍，除酒稅需要上繳中央鹽鐵司外，其餘各稅收都收歸己有。

斡魯朵

斡魯朵即宮衛制度，也稱宮帳制。《遼史》作斡魯朵，但在其他文獻中還有各種寫法，如斡里朵、斡耳朵、窩里朵、窩里陀等（以上各種寫法散見於《金史》、《元史》、《長春眞人西遊記》、《黑韃事略》等），至於其意義，各家說法也有不同，本書採用《遼史》解釋：「居有宮衛，謂之斡魯朵」。宮衛制度不但漢人王朝不曾有，就是之前胡族王朝也未採行過，確屬空前創舉。

所謂斡魯朵，就是皇帝或具有與

遼代・文官圖　圖中的遼代文官的服飾與北宋的文官有點相似，反映出契丹人的漢化程度。

〈論北朝政事大略〉

「北朝之政，寬契丹，虐燕人（即漢人），蓋已舊矣！然臣等訪聞山前諸州祗侯公人，止是小民爭鬥殺傷之獄，則有此弊。至於燕人強家富族，似不至如此。契丹之人每冬月多避寒於燕地，牧放住坐，亦止在天荒地上，不敢侵犯稅土。兼賦役頗輕，漢人亦易於供應。唯是每有急速調發之政，即遣天使帶銀牌於漢戶須索。縣吏動遭鞭捶，富家多被強取，玉帛子女不敢愛惜，燕人最以為苦。兼法令不明，受賕鬻獄，習以為常。此蓋夷狄之常俗，若其朝廷郡縣，蓋亦粗有法度，上下維持，未有離析之勢也。」（見蘇轍《欒城集・卷四十二》）

皇帝同等威望的皇室成員，或皇帝特別恩寵的重臣的行宮；而一旦這些貴族和重臣過世後，斡魯朵原有服侍人員就作爲主人陵寢的守陵者。遼代總計共有十二宮一府。

這十二宮一府，除末帝天祚帝耶律延禧被女眞金所俘，以及丞相韓知古外，其餘十一宮都有陵寢。這十一宮主人生前擁有許多護衛、扈從、差役，以供差遣以及提供生活所需，他們過世後，這些護衛、扈從、差役等就轉爲守陵者，可見這筆支出多麼龐大。

值得一提的是，當朝皇帝的斡魯朵出巡時，所有前朝皇帝斡魯朵的守護者，都需扈從當朝皇帝成爲護衛。可見愈是後代皇帝的斡魯朵移動時，護衛陣仗也愈龐大，這是一筆無法預估的支出，但是遼朝並不是因財政問題而衰亡，這是一個很值得後人探討的課題。

南北兩面官制

遼朝推行南、北面雙軌政治制度，但是有時也出現一人身兼南、北兩院樞密使之職，且此人通常是皇位繼承者，例如在遼聖宗太平十年（西元一〇三〇年），聖宗以太子耶律宗眞領南、北樞密院使事；遼興宗重熙七年（西元一〇三八年）也以太子耶律重元領南、北樞密院使事，後來又於重熙十二年（西元一〇四三年）再以耶律重元領兩院。道宗大康元年（西元一〇七五年）初以耶律濬領兩院事，後來又在大安七年（西元一〇九一年）以太子耶律延禧領兩院事。

唐代三省制

唐朝的三省為中書省、門下省、尚書省。

中書省負責定旨出命，長官中書令二人。門下省掌封駁審議，長官為侍中二人。中書、門下通過的詔敕，經皇帝裁定後，交由尚書省執行。

尚書省長官為尚書令一人，副長官左、右僕射各一人。尚書省下轄吏、戶、禮、兵、刑、工六部，分理各種政治事務，每部又領四司，計二十四司。

三省為中央最高統治機構，長官同為宰相，共同負責中樞政務，執宰相之職，議政場所就叫政事堂。

遼代曾幾度由一人身兼南、北兩院樞密使。而這個皇位繼承人，當然也是契丹人，那麼他在處理胡、漢民族事務時，是否能不分民族、唯法是論，就不無疑問了。事實上，犯同一罪行的人，因爲民族成分不同，刑罰也有不同。

北宋洪皓在所撰的《松漠紀聞》寫到：「遼制，契丹人殺漢兒（當時契丹人稱漢人爲漢兒，具有輕蔑意味）者不加刑。」看似是很不公平，但是遼代實行雙軌政制，基本原則是「以國制（指契丹傳統制度）治契丹，以漢制待漢人。」由於兩者所據法律基礎不同，契丹人採行屬人主義，漢人實行屬地主義。胡族制度比較寬鬆，加上人口少，而漢地由於文明生活已久，累積了多少世代的法律經驗，所以法條綿密。兩者對「法」的思維邏輯不同，因而有了鬆緊不同的區別。漢人總認爲遼朝的法律只對契丹人有利，但如果能夠了解其用「法」基準，也許就會釋懷了。

關於這點，曾擔任祝賀遼帝生日大使的蘇轍，在出使遼朝歸來後，寫下一篇〈論北朝政事大略〉，其中有詳細論述。

蘇轍是於遼道宗大安五年（北宋哲宗元祐四年，一〇八九年）被派去遼國。他回北宋後寫了以上這篇「出國考察報告」，可以看出遼朝對燕人，指燕雲十六州的漢人並不苛刻，更是不敢欺凌漢人豪門巨族，這點跟諸胡列國時代，各胡族王朝大都結好漢人的豪門巨族，有其相同之處。

基本上，遼朝皇帝並不排漢，遼

太宗會同十三年（西元九四〇年）十二月丙辰，太宗耶律德光就曾「詔契丹人授漢官者（指南班漢臣或南樞密院官員）從漢儀，聽與漢人婚姻。」就這一點而言，遼代的民族區隔並不嚴重，比後代女真的金或清要好很多。

遼代雖無嚴重的種族歧視，可是朝廷的重要職位都牢牢抓在帝系和外戚的手裡。《遼史》明載：「遼之秉國鈞，握兵柄，節制諸部帳，非宗室外戚不使。」這種用人唯親的方式，局限住國家的發展。遼如果能選賢任能，撙節皇親國戚的開支，國祚或許會更長些。

遼朝官制大致上分爲南北兩面。遼朝初建時，以漢人總領漢人之事，到太宗耶律德光在開封建都後，因疆域擴大，所轄的漢人也增加了，於是太宗模仿西晉制度，設置樞密使，「掌漢人兵馬之政」。

遼朝朝官中以太尉、司徒、司空爲三公；太師、太傅、太保爲三師；這些都是地位最高的官員。在其下設政事、門下、尚書三省，御史臺、翰林院（又稱南面林牙）、國史院、太常寺（掌禮儀、宗廟祭祀及文化教育）以及諸監、衛等。其中政事，很可能是模仿唐初的政事堂，遼興宗重熙十三年（西元一〇四四年）時，遼改政事堂爲中書省，至此，遼代的南面官大致跟唐代的中書、門下、尚書相當。

太宗繼位

耶律阿保機與皇后述律氏共生三子，長子突欲，一般文獻都寫作耶律倍；次子耶律德光、三子耶律李胡；這三個兒子天性各有不同。被立爲太子的耶律倍，聰明好學，喜歡吟詩繪畫，還擅長音律書法，而且據說他還精於陰陽醫道，可謂多才多藝。

次子耶律德光勇武多謀，曾多次隨阿保機南征北戰，頗有戰功，甚得述律皇后喜愛，被任命爲天下兵馬大元帥，手握兵權。三子耶律李胡，性情暴躁，卻最受母親述律皇后的寵愛，近乎於溺愛。

爲了決定繼位人選，耶律阿保機先後花了不少時間考察這三個兒子。一次，阿保機在大冷天裡令三個兒子去砍柴，耶律德光就亂砍一通，抱了一捆柴回來，當然是他最先完成使命；耶律倍則精挑細選了一捆乾柴，第二個完成；耶律李胡只胡亂撿些柴亂捆在一起，在拿回來的路上還掉了不少，等回來後，只剩下少許幾根。耶律阿保機看三個兒子的成果就說：「長子靈巧；次子快捷；三子不如兩個兄長。」分析得相當入微。

受到述律皇后的影響，阿保機雖然一開始是立耶律倍爲太子，但經過長時間的多次觀察後，阿保機也感覺得出來長子、次子各有千秋，所以遲遲無法決定究竟要傳位給誰。

天贊五年（西元九二六年，同年改元天顯），阿保機滅渤海國，並改爲東丹國。他任太子耶律倍爲東丹國王，稱之爲人皇王，准他建號、著天子冠服、配置四相和文武百官。

天顯元年（西元九二六年）七月，遼朝建國者耶律阿保機崩卒，得年五十五歲，廟號太祖。耶律阿保機所建的王朝名契丹，遼太宗耶律德光時才改國號爲遼，爲行文方便，以下都稱遼。

阿保機過世後，述律太后就未雨綢繆，利用主持阿保機葬禮的機會清除政敵。因爲此時大臣當中支持長子和次子的勢力不分上下，但述律太后希望耶律德光即位，於是爲了掃除政治上的敵對勢力，她以傳統的殉葬制度爲藉口，令支持耶律倍的大臣殉葬，理由是要請他們爲她傳話給阿保機。

單以殉葬爲藉口，述律太后就誅殺了近百名大臣。但在她命漢人趙思溫爲阿保機殉葬時，趙思溫不肯。述律太后就責問他：「你和先帝不是很親近嗎，爲什麼不去？」趙思溫反駁：「若是要論和先帝親近，誰也比不上太后，如果太后去，那我就馬上來。」述律太后回說：「幾個兒子都還年幼，國家更不可以無主，我暫時不能去。」最後，爲了除掉趙思溫，述律太后竟狠下心來，將自己的一隻手從手腕處砍斷，指示與趙思溫共同殉葬，這就是歷史上有名的「太后斷腕」故事。

除此之外，述律太后還精心安排一幕「擇嗣計」。她命太子耶律倍和耶律德光騎著馬，然後向各部落大人宣布：這兩個兒子我都愛，不知道應該立誰才好，只好由你們選擇，你們支持誰就去牽誰的馬韁。

這些部落酋長早就知曉太后的心思，加之耶律德光手握兵權，於是就爭相去牽他的馬韁。耶律倍眼見大勢已去，就向述律太后上書：「皇子大

元帥身孚重望，中外攸屬，宜承大統」，耶律德光就這樣登基成為遼朝的皇帝，即位是為遼太宗。

耶律倍

耶律德光繼位後，對耶律倍很不放心，不准他回東丹國，且將東丹國的東平郡（今山東省境內）改為南京，還把原東平郡的人口遷走一大部分，把耶律倍遷到人丁不旺的南京。不但如此，還派衛士對耶律倍嚴加監視。在這樣內外煎熬之下，耶律倍苦悶不已。為了表明自己並無異心，耶律倍就在府邸中蓋一座藏書樓，每天讀書、吟詩、作文以消磨時光，同時打消弟弟對他的猜忌。

如果就這樣下去，彼此倒相安無事，可是世事無常。此時中原的後唐明宗李嗣源和遼朝早已不睦，李嗣源打聽到遼朝皇位繼承的曲折過程，很為耶律倍抱屈，於是就派使者渡海到遼國的南京，遊說耶律倍投奔後唐。

耶律倍想想自己本該繼承大統，結果不但沒當上皇帝，反而連東丹王都當不成，這股怨氣向誰傾訴？原本心想讀書賦詩了此餘生，可是身邊又多是皇帝派來的耳目，與其在南京被人猜忌，不如去後唐倒還落得自由，也免得太宗時時提心吊膽，自己也可搏得讓國美名。

《番騎圖》　李贊華繪，美國波士頓美術博物館藏。李贊華，原名耶律倍，契丹人，遼太祖長子，封渤海王，因受猜疑而出奔後唐，改名李贊華，世稱「東丹王」，遼畫家，擅長繪畫遼國人物鞍馬。

於是，他就帶著寵姬高美人和許多書卷渡海投奔後唐，臨走前還在海邊用一塊大木板刻了四句話明志：「小山壓大山，大山全無力；羞見故鄉人，從此投外國。」

耶律倍到達後唐時，後唐明宗以天子的規格接待他。到了後唐都城汴梁（今河南省開封市）後，明宗把先皇莊宗的夏妃賜給耶律倍，並賜他姓東丹，名慕華，之後還拜耶律倍爲懷州（今河南省沁陽市）節度使；後再賜姓李，名贊華，移鎮滑州（今湖南省永順縣西南）並遙領虔州（今江西省內）節度使。但耶律倍雖然身在後唐，可是卻心繫故國，時常派人到遼國問候母親、兄弟。

後來後唐明宗被養子李從珂所殺。耶律倍派密使回國，告訴遼太宗說李從珂殺父自立，勸遼派兵討伐。這期間正逢石敬瑭以割燕雲十六州爲條件，求遼援助他稱帝。於是遼太宗率軍攻打後唐李從珂，攻入洛陽後，李從珂強迫耶律倍自焚，耶律倍不肯，李從珂遂派殺手李彥紳殺了耶律倍。於是東丹王、遼朝第一個太子耶律倍就這樣過世了，年僅三十八歲。

第四章 大遼攻滅渤海國，太子被封東丹王

渤海民族

契丹耶律阿保機於五代末期（西元九一六年）建立遼政權，國力蒸蒸日上，有如旭日初升，成爲中國正統王朝之一。

契丹民族的史事，當然是中國歷史的一部分，而且是很重要的一部分，也只有以這種心態來體認，契丹族所創建的遼朝之一切措施，才不會爲民族畛域之見所左右，也唯有如此，才能夠接近歷史眞相。

「歷史」定義雖多，但是直言之，只有以下兩端，其一爲歷史事件的本身，只是事件稍縱即逝，不可能重複出現；其二則爲記載之歷史，也就是所謂「史料」，但是史料或歷史的記載者，必然會將其主觀意識滲入其中。因此要尋求歷史眞相幾乎不可能，所以後世史家只能力求盡量接近歷史眞相。

契丹族在唐昭宗天祐四年（西元九〇七年）時，由迭剌部的耶律阿保機取得契丹各部的統治權；同年，位於契丹之東的渤海國末王大諲譔即位。在敘述契丹攻滅渤海國之前，有必要將渤海國情況略加介紹。

渤海國在契丹之東，東端直抵日本海。對於渤海國的族屬需要先加釐清，否則將無法理解何以契丹滅亡渤

海國時，一定要將渤海人強行遷徙到遼國境內，同時也不了解何以女眞建立金朝後，渤海人在金朝當官的比例極高，所以對渤海國的情況酌予介紹有其必要性，茲分以下幾點對渤海國作一介紹。

中國疆域廣闊，民族眾多，以東北地區而言，大體上在大興安嶺偏西部分，是古代東胡系各民族、如鮮卑、烏桓、室韋、契丹、蒙古等契丹分布地區；在大興安嶺偏東以至太平洋濱的廣大地區，是古代肅愼系各民族，如肅愼、靺鞨、女眞各民族分布地區；歷來對渤海國的主體民族有各種不同說法，約略言之有以下各說：

大祚榮雕像　大祚榮建立渤海國時，一切典章制度模仿中國，建立年號，使用漢文，奉唐正朔，並向大唐納貢稱臣。

一、認爲構成渤海國的主體民族是靺鞨族，可以稱之爲「靺鞨說」，持此說者有孫進己、劉義棠等人。按靺鞨乃是一個集合名詞，如同《元朝祕史》（或稱《蒙古祕史》）中的林木中百姓，並不專指某一民族，因此這一說法有其不夠周延之處。

二、認爲構成渤海國的主體民族是高句麗人，所以可以稱之爲「高句麗」說，持此說者以朝鮮半島上的南、北韓學者爲主，間或也有少數唯恐中國統一、團結、強大的日本學者附和或主張此說，其主要也是唯一的根據就是舊《唐書．渤海靺鞨傳》所載：「渤海靺鞨大祚榮者，本高麗別種也。」

大祚榮者是渤海國的創建者。舊《唐書》後，《唐會要》、《五代會要》、舊《五代史》、《太平寰宇記》、《冊府元龜》、《新五代史》、《資治通鑑》、《宋史》、《遼史》等都有相同或類似記載，所以韓國學者朴時亨於其所撰《爲了渤海史的研究》（該文刊載於《歷史科學》一九六二年第一期，並李東源譯，輯入《渤海史譯文集》，此處轉引自孫進己，《東北民族源流》，頁一五二）、朝鮮社會科學院歷史所所著《渤海國》（此文由嚴聖欽譯，輯入《渤海史譯文集》，但此處轉引自孫進己，《東北民族源流》）、日本人白鳥庫吉所撰的《論渤海國》（《中學雜誌》三十四卷十二期，但此處轉引自《東北民族源流》），都提出構成渤海國主體民族是源於高句麗。

石雕龍頭　現藏於韓國首爾國立中央博物館。此件作品出土於渤海國上京龍泉府遺址，上京龍泉府俗稱東京城，位於今黑龍江省甯安市渤海鎮。七五五年，渤海國三世王大欽茂自中京遷至上京，從此成為國都。

這些南、北韓或日本學者之所以提出這種主張，可能有以下兩個理由，其一是沒有看懂舊《唐書》所載的「本高麗別種也」這句話，這裡「別種」兩字，已經明白指出創建渤海國的大榮祚只是跟高麗相類而不同種。像這樣「別種」或「別部」的寫法，在中國史籍中經常出現。如《魏書・羯胡石勒傳》裡，就稱諸胡列國時代建立後趙的羯族石勒是「匈奴別部」；《晉書・石勒載記》也明白指出石勒的體質特徵是「深目、高鼻、多鬚」，分明是高加索種印歐語系各民族的特徵，而慧皎在《高僧傳・佛圖澄》中也明白說了幾句「羯語」，可見羯族雖被史傳載爲「匈奴

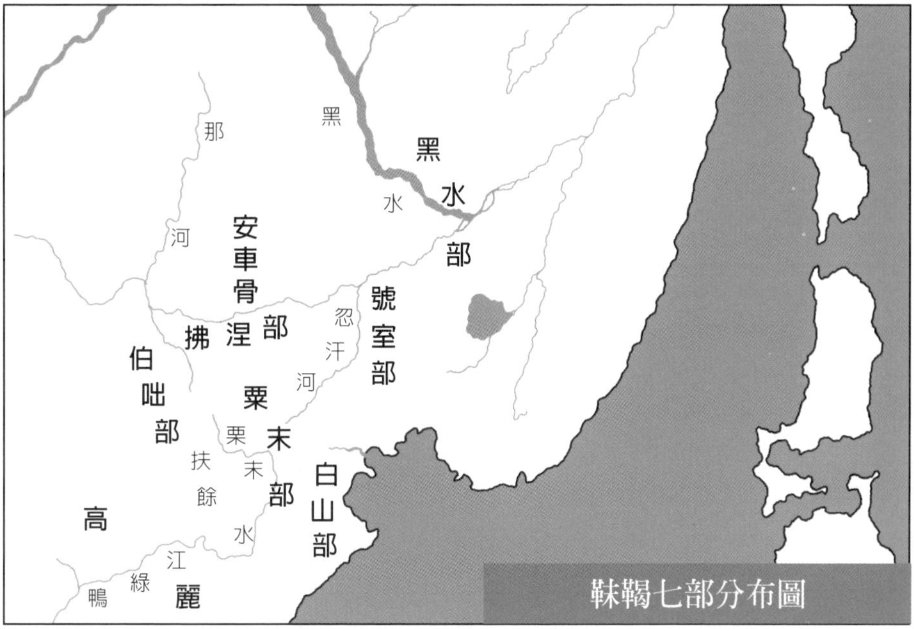

靺鞨七部分布圖

別部」，卻不是匈奴，幾經考證，羯族之先來自今中亞烏茲別克首都塔什干一帶，而塔什干原意爲石國，所以羯族之後人才以石爲姓。同理可以推知所謂「本高麗別種也者」，已經明白指出創建渤海國的大祚榮不是高麗族。

其二，這些南、北韓或日本學者，並非讀不懂漢文史料，而是刻意咬住「別種」就是同種，目的是要把中國歷史上創建渤海國的大祚榮說成是高麗人，好讓中國東北地區順理成章成爲朝鮮半島的一部分。雖然渤海國與朝鮮半島地理毗鄰，雙方互有來往，乃是不爭之事實，渤海國裡有高麗人也不讓人意外，反之亦然，但絕不可以延伸爲渤海國屬於朝鮮半島。

以上靺鞨說、高句麗說，雖然都抓到一些文獻的論據，但都不足以使所說成立，然則渤海國主體民族到底是什麼民族呢？在探討這個問題之前，首先要了解，自古以來除了生活在深山密林或海中孤島，從未與外族交往過的民族，才可能是單一的民族，否則必然都會有或多或少跟周圍民族混合或混居的情形，且看《新唐書・渤海傳》所說的「渤海，本粟末靺鞨……」，如果從這句話去探尋，或可窺得眞相，前面說過靺鞨就是勿吉，關於這一點唐人杜佑說得很清楚，他在《通典・

臆想的渤海民族風情雕像

邊防・東夷序略》說：「後魏，以後曰勿吉國，今則曰靺鞨焉。」

據《北史・勿吉傳》說靺鞨有七部，分別是：「其一號粟末部，與高麗接，勝兵數千，多驍武，每寇高麗。其二曰伯咄部，在粟末之北，勝兵七千；其三安車骨部，在伯咄東北。其四拂涅部，在伯咄東。其五曰號室部，在拂涅東。其六曰黑水部，在安車骨西北；其七曰白山部，在粟末東南。勝兵並不過三千，而黑水部尤爲勁健。自拂涅以東，矢皆石鏃，即古之肅愼氏也。」但須注意，黑水即今黑龍江，明顯在東，所以「在安車骨西北」，應爲「在安車骨東北」之誤。

《隋書・東夷傳・靺鞨》記載與《北史》同。以上七部中，拂涅部以東的主體民族不是勿吉，而是「矢皆石鏃」的肅愼氏。

我們試從依《北史》所指出方位畫出示意圖看，拂涅、號室及黑水部這三部才是古肅愼族，以其位置偏東，可見古肅愼族在東，一直可以延伸到海濱，但粟末、伯咄、白山甚至安車骨以其位置在西，不是肅愼，但是由於在地理上相毗連，多少有肅愼族進入粟末部，因此在習俗上互相混融，而且粟末所聚居之地，有相當部分是肅愼故地，所以一些史籍，如《魏書・勿吉傳》就把粟末靺鞨說是「舊肅愼國也。」從而可知，渤海國的民族是複雜的，隨著渤海國疆域的變遷，民族內涵也隨之擴大。

從相關文獻可以看出最早形成渤海民族大約是在武周代唐前後（西元七世紀末葉），並且是由以下三個集團所構成。

一、乞乞仲象所統之衆

乞乞仲象是渤海國建國者大祚榮之父，他所統之眾應該就是構成渤海民族的核心民族，只是這一部分舊《唐書·渤海靺鞨傳》所載：「渤海靺鞨大祚榮者，本高麗別種也」，一些學者，尤其是南、北韓的學者，誤「別種」爲同種，因而誤以爲渤海的核心民族是高麗人，其實國史之所謂「別種」或「別部」正是相反的意思，所以舊《唐書》所謂：「渤海靺鞨大祚榮，本高麗別種也」句，只說明大祚榮所統之眾，不是高麗人，換言之，渤海的核心民族不是高麗人，這一部分應該就是史傳所說的粟末靺鞨。

二、乞四比羽所統的靺鞨之衆

舊《唐書·渤海傳》載有：

「（大）祚榮與靺鞨乞四比羽各領亡眾東奔，保阻以自固……（武）則天命右玉鈐衛大將軍李楷固率兵討其餘黨，先破斬乞四比羽，又度天門嶺以迫祚榮。祚榮合高麗、靺鞨之眾以拒（李）楷固。」

而《新唐書、渤海傳》也載有此事，稱：「有舍利乞乞仲象者，與靺鞨酋乞四比羽及高麗餘種東走，度遼水，保太白山之東北，阻奧婁河，樹壁自固。」

這兩項史料很清楚的指出，大祚榮之父乞乞仲象跟靺鞨酋乞四比羽共同抵禦唐軍李楷固的進擊，而把靺鞨酋乞四比羽跟乞乞仲象並列，足以證明靺鞨酋乞四比羽及其所部不是粟末部，所以這一部靺鞨就是構成渤海民族的第二個成分。

三、高麗人

高麗人原在朝鮮半島，鮮有越過鴨綠江者，但唐滅高麗後，高麗成爲大唐屬地，唐朝官員、軍隊、商人乃至一般人民自然會進入高麗，當然也會有高麗人進入遼西，像這一類「移民」在人數上不可能太多，這類高麗人就成爲渤海族第三個組成分子，他們的人數應該比靺鞨白山部人少，更比粟末部更少。

渤海國的建立

上文提及，唐武則天時，曾命李楷固率軍進擊粟末部乞乞仲象，乞乞仲象之子大祚榮合高麗、靺鞨之眾以拒李楷固，結果據舊《唐書．渤海傳》所載，「王師大敗，楷固脫身而還，……（大）祚榮遂率其眾東保桂婁之故地，據東牟山，築城以居之。」

而《新唐書、渤海傳》則記載：「（大祚榮）率眾保挹婁之東牟山，地直營州東兩千里，……築城郭以居。」此外還提到「保太白山之東北，阻奧婁河樹壁以自固。」奧婁河指的是今牡丹江的一條支流，大祚榮在這地方「樹壁自固」建立政權，初稱振國，也作震國，其時爲武周聖曆元年（西元六九八年），這個地方經考證位於今吉林省延邊朝鮮自治州敦化市。一般文獻就稱之爲渤海國。

大祚榮建立渤海國時，一切典章制度模仿中國，建立年號，使用漢文，奉唐正朔，並向大唐納貢稱臣，唐朝則於玄宗先天二年（西元七一三年）拜大祚榮爲忽汗州都督，渤海郡王，從此渤海國成爲大唐的藩屬，也可以說中國的聲勢到達日本海濱。

大祚榮再傳之後爲大欽茂，他偃武修文，與民休養生息，同時革新內政，重用文人執掌朝政，在境內實行府州制度，設置上、東、中、西、南京，將全國劃爲十五府、下領六十二州，更派貴胄子弟到長安留學，中原文化於是大行於渤海國。

但是大欽茂於唐德宗貞元九年（西元七九三年）崩逝之後，渤海國內部爲了爭奪王位，展開一場激烈的權力角逐，此後一百多年，渤海國情況時好時壞，及至北宋初年（十世紀初），渤海國末王大諲譔（西元九〇七～九二六年在位）昏庸愚昧，統馭失策，整個國家已呈土崩瓦解之勢。

遼滅渤海國

此時在渤海國西鄰的契丹，在耶律阿保機統領之下，不但統一各部，建立遼政權，而且南下攻滅奚族、北上控制室韋各部。

耶律阿保機雄才大略，志在統一天下逐鹿中原，想要達到這個宏願，自然不容許東邊渤海國的存在，否則必有後顧之憂，而此時渤海國又恰逢昏庸無能的大諲譔在位，眾叛親離。

耶律阿保機遂在天贊四年（西元九二五年）率軍御駕親征渤海國，述律皇后、太子耶律倍、皇次子耶律德光從征，回紇、新羅、党項、吐蕃（音「吐鉢」，即西藏）、沙陀也都派軍隊從征，並於次年（西元九二六年）二月十四日圍攻渤海國西部重鎮扶餘（今吉林省白城地區扶餘市），雙方經過一場激烈戰爭後，遼軍於二月十七日攻下扶餘，此後遼軍一路向東，勢如破竹，在不到半個月裡，遼軍以雷霆萬鈞之勢，撲向渤海國首都上京龍泉府（約今黑龍江省牡丹江市寧安縣），渤海國毫無反擊之力，末王大諲譔只得「素服縞牽羊、率僚屬三百餘人出降」，耶律阿保機派近侍康末恒等三十人入城查看，偏偏城中有若干渤海國士兵不甘國破家亡，竟然恃眾殺了康末恒等三十人，昏昧的大諲譔竟然以爲士氣可用，轉而抗遼，耶律阿保機自是大怒，再度揮軍攻城，陷之，大諲譔只好再度馬前請降，渤海國就此滅亡。

自大祚榮於武周聖曆元年（西元六九八年）建國，至大諲譔於遼天贊五年（西元九二六年）請降滅亡，渤海國前後享祚二百二十八年，也算是延續許久的地方性政權。

渤海國雖然從此走進歷史，但是渤海人曾創下光耀璀璨的文明，而這個文明是建立在漢文化的基礎上。渤海國疆域向東直到日本海濱，換言之，渤海人將漢文化傳播到亞洲最東北角，在一千年前今黑龍江省以東直到海濱，都是漢文化所涵蓋地區，負起傳播責任的不是漢人而是渤海人，這一點在以往文獻中鮮有人提到，然而卻是很重要的一點。

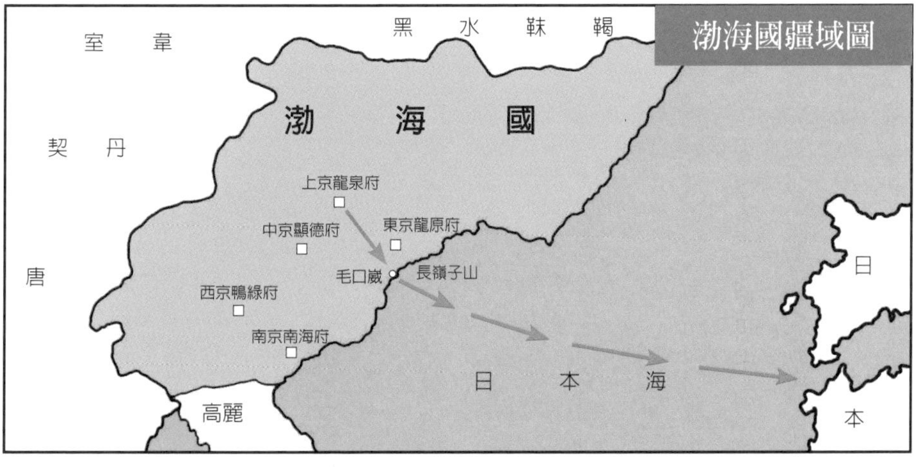

東丹國

遼國滅絕渤海國後，把渤海國之地設爲東丹國，之所以稱爲東丹者，據近代史家金毓黻稱是因爲：「東丹之名得自契丹，以其建國在契丹之東也」。這個說法如果確能成立，就足以證明在契丹建國之初，就已經相當的漢化，以渤海在契丹之東，所以稱之爲東丹，這完全是從漢語文的觀點作爲命名的根據，契丹族乃是東胡鮮卑族的餘緒，其語言類型爲膠著語型，屬阿爾泰語系的東胡語，所以「契丹」這個詞是不可切割的，漢文的「契丹」只是音譯，只有在漢語文的基礎上，才有可能將「契丹」分開來讀，金毓黻東丹爲契丹之東的說法，自提出至今已有半個世紀以上，尚未見有人加反駁，可見其說法有一定的道理，從而也可以推知契丹民族在耶律阿保機建國之初，遼朝已經具有相當漢語文或漢文化水準，這雖是題外話，但頗值得一提。

耶律阿保機既以原渤海國故地建爲東丹國，並以太子耶律倍爲東丹國王，便將原渤海國王大諲譔一族強行遷往遼上京臨潢府（約今內蒙古自治區赤峰市巴林左旗波羅城）。遼太祖耶律阿保機對東丹國基本上採取較寬鬆的統治政策，更讓東丹國王，也就是遼太子耶律倍擁有相當的自主權，如史傳稱：「凡渤海國（即東丹國）左右平章事、大內相已下百官，皆其國自除授。」（葉榮禮，《契丹國志、東丹王傳》，臺北廣文書局，一九六八年，頁一三七）

這裡所說的平章事是「同中書門下平章事」的簡稱，爲唐宋時的宰相，從而可知東丹國王有相當大的用人權。東丹國最高行政機構爲中臺省，按例用契丹人與渤海人，如遼太祖最初任命的東丹四相中，左大相爲契丹人耶律迭剌（耶律阿保機之弟、耶律倍之叔），右大相爲原渤海大相，左次相爲原渤海司徒大素賢，右次相爲契丹人耶律羽之；這種契丹、渤海兼用方式相當公平，至於大相以下諸官，都授權由東丹國王耶律倍自行任命。

耶律阿保機這種作法有以下雙重用意，其一，以太子耶律倍爲東丹國王，以其弟耶律迭剌爲左大相，此乃擁有實權之宰相，如此就可以實際控制東丹；其二，將部分官職由渤海人出任，形同中國傳統治邊政策中「餌之以祿位」以達到懷柔渤海人的目的。

遼太祖的算盤雖然打得如意，但人算不如天算，渤海人民對遼太祖餌之以祿位的作法並不領情，時有反抗事件，而東丹國設立不久，耶律阿保機就駕崩了，依理應當由太子耶律倍嗣立，可是當耶律倍返回臨潢府奔喪時，阿保機之妻述律太后卻屬意由次子耶律德光繼位，而耶律德光既立，深恐如任由耶律倍返回東丹，恐將挾渤海之眾對遼朝不利，於是將耶律倍扣留在上京臨潢府。

耶律倍的問題雖已解決，可是東丹國依然存在，這使耶律德光深感困擾，這時東丹國右次相耶律羽之向遼廷上了一道奏摺：「我大聖天皇（指遼太祖耶律阿保機）始有東土，擇賢輔以撫其民，不以臣愚而任之，國家利害，敢不以聞。渤海昔畏南朝（指唐），阻險自衛，居忽汗城（即龍泉府）。今去上遼邈，既不爲用，又不罷戍，果何爲哉？先帝因彼離心，乘釁而動，故不戰而克。天授人與，彼一時也。遺種浸以蕃息，今居遠境，恐爲後患。梁水之地，乃其故鄉，地衍土活，有木鐵鹽魚之利，乘其微弱，徙還其民，萬世長策也。彼得故鄉，又獲木鐵鹽魚之饒，必安居樂業，然後選徒以翼吾左，突厥、党項、室韋夾輔吾右，可以坐制南邦，混一天下，成聖祖未集之功，貽後世無疆之福。」（《遼史、耶律覿烈附羽之傳》按覿音笛，其意通儀。）

耶律羽之顯然揣度出遼太宗心中的困擾，而有這項建議，要將渤海人民遷往遼東梁水一帶（今遼寧省境內太子河），也就是說將相對於契丹人而言人數較少的渤海人遷到契丹人聚居地區，用以同化渤海人，使之不致對遼朝構成威脅，因而此議立即被遼太宗所接受，於是就在天顯四年（西元九二九年），遼太宗下令強將渤海人遷往遼東。

治邊政策

中國傳統治邊政策，歸納而言絕不外：飼之以祿位、和之以婚姻、阻之以城寨、臨之以兵威、間之以亂、室之以語文、誘之以貨利、限之以居處、懷之以宗教等，詳見胡耐安《邊政通論》、林恩顯《邊政通論》、劉學銚《歷代胡族王朝之民族政策》等書。

五代・越窯青瓷碗　1992年內蒙古耶律羽之墓出土。據墓誌記載，遼太祖於天顯元年（西元926年）建立東丹國時，「乃授公中台右平章事。」耶律羽之墓誌當屬近年研究契丹早期至遼初歷史彌足珍貴的資料。

民族集體遷徙本就是一件極其艱辛的工作，如果是出於強迫，那就除了艱辛之外，更是充滿怨氣。就像北魏時，對降附或征服之各民族，多強制遷徙，如北魏道武帝時就曾「徙山東六州（此處山東係指太行山以東之六州，古史上之山東，多作此解，不是指今日之山東省）人吏及徒何（或作屠何，此處係匈奴之族）、高麗雜夷、三十六署百工伎巧十餘萬口以充京師（即平城，今山西省大同市）。」（《北史・魏本紀》）到太武帝拓跋燾時，曾強制將柔然（或作蠕蠕、茹茹）高車（或作丁零、敕勒）降附之眾遷往漠南。

強制遷徙的過程極其殘酷。渤海人早已脫離漁獵爲主之生活方式，大部分已成爲安居之農業生活，農業民族都是依賴土地生活，因此有安土重遷的習性，當然不願意離鄉背井，遷往人生地不熟的遼東地區，所以有一些渤海人紛紛逃亡，史稱：「其民或亡新羅、女直。」（《遼史・太宗紀》），新羅在今朝鮮半島，女直就是女眞，《遼史》因避遼興宗耶律宗眞名諱，而改女眞爲女直。

遼朝這次強迫渤海人大遷徙，等於改變渤海人地理分布狀況，較之諸胡列國及北朝時將各地豪酋遷往京師之舉更爲不人

沙陀

沙陀為突厥系民族之一支，唐太宗貞觀二十二年（西元六四八年），處月（約今新疆準噶爾盆地東南一帶）朱邪闕俟斤隋西突厥沙鉢羅可汗賀魯降唐，高宗永徽初（西元六五〇～六五五年）賀魯反，處月朱邪也反，後為唐將契必何力所殺，就處月地置金滿、沙陀二州，以沙陀朱邪金山有功，授金滿都督，其子朱邪盡忠被封為酒泉公，李子為朱邪執宜，執宜子朱邪赤心，唐賜姓名為李國昌，時為唐咸通十年（西元八六九年），李國昌之子李克用即為唐末勢力最龐大的節度使之一，李克用之子李存勗後開創五代後唐，李存勗再傳李嗣源是為後唐明宗。自被賜姓李，至李嗣源招納耶律倍，前後僅七十年，沙陀朱邪一族已全盤華化。

關於隋唐時西域人華化情形，可參看日人桑原隲藏《隋唐時化西域人華化考》，原文刊載於武漢大學《文史哲季刊》第五卷第二三四期，臺北新文豐出版公司於一九七九年出版。

道。此後，後代所見遼、金兩朝有關渤海人的活動，多局限於以遼陽爲中心一帶的地方。

遼朝規定東丹國每年必須向遼進貢細布五萬尺、麤（音意皆同「粗」）布十萬疋、馬一千匹。」（葉隆禮《契丹國志．東丹王傳》）對東丹國而言這是相當沉重的負擔，尤以東丹國內並非盛產馬匹之地，要年貢一千匹馬，顯然難度頗高，迫使東丹國要以相當的物資，向西北地區的游牧民族交換馬匹，以爲進貢之用，這對東丹國而言，不無壓榨之意。

東丹王，也就是遼太祖耶律阿保機的太子耶律倍，被其弟遼太宗耶律德光扣留在遼上京臨潢府，形同軟禁，不僅如此，「又置衛士陰伺（耶律倍）動靜」（《遼史．耶律倍傳》），在這種情形下，耶律倍不僅極度不悅，而且形同囚禁，不無度日如年之感，這種情形被後唐明宗李嗣源所偵知，認爲如能招來耶律倍，或許可以作爲牽制契丹的一枚棋子。

唐末五代時，中原動亂，契丹興起於東北，對中原形成莫大之威脅，所以後唐李嗣源才有這種想法，因此暗中派人到遼境給耶律倍送上一封密函，以示招納之意，耶律倍在極度無奈之下接受後唐招納。遼太宗天顯五年（西元九三〇年）十一月，耶律倍由海路投奔後唐，據有關文獻所載，耶律倍率部屬四十人從登州（今山東半島東部）出發，並在岸邊立木爲碑，在木碑上以漢字寫了類似五言絕句的詩詞。

這首詩似乎意有所指，頗堪玩味，特錄之如下：「小山壓大山，大山全無力，羞見故鄉人，從此投外國。」（葉隆禮《契丹國志、東丹王傳》）

耶律倍到後唐之後，後唐明宗賜耶律倍姓東丹名慕華。後唐李氏原是突厥系沙陀族，唐懿宗咸通十年（西元八六九年）始賜姓李氏，下距後唐明宗僅七十年，但此時的明宗顯然已以漢人自居，所以賜耶律倍名慕華；隨耶律倍而來者，也都賜以姓名（《契丹國志、東丹王傳》）。後唐明宗長興二年（西元九三一年），再度賜姓名爲李贊華，其賜姓李者，用示與國同姓，以表尊崇之意，賜名贊華者，大有盛贊中原之意。後唐長興三年，再以李贊華爲義成節度使，並選朝士爲其僚屬以爲輔佐，可見後唐明宗對李贊華之重視。

雖然後唐明宗對李贊華既重視又禮遇，但李贊華深知身爲降臣不宜過問政事，因此終日優游，絕不過問節度使應管之事，這正合後唐明宗的心意，明宗至爲賞賜，儘管李贊華有時可能優游過分而逾越法度，明宗也不予以過問，更以後唐開國者李存勗後宮佳麗夏氏賜李贊華爲妻。可是據文獻所載，李贊華爲人殘酷，好吸食人血，他的眾多姬妾大多刺臂以供他吸吮，婢僕小有過失，或者施以挖目、割肉，甚至以火燙之，夏氏受不了這種怪異行爲，向後唐明宗哭訴，並且自願落髮爲尼。

可是另一方面，李贊華則是性好讀書，卻不喜歡射獵（契丹自帝王以下莫不喜愛射獵），據史傳所載，他還是東丹王時，曾派人潛赴幽州購買各種書籍多達幾萬卷回東丹，並在醫巫閭山上蓋了一座書房，名之爲「望海堂」，當時還沒有創制契丹文字，因此他所買的書全是漢文書，他能擁有幾萬卷書，就當時而言，可以算是很大的藏書家。從李贊華性喜藏書、讀書來看，他應該是一個溫文儒雅的人，之所以在投奔後唐後性格有了極大轉變，極可能是由於失去帝位，心中鬱悶，才有那怪異的舉動，用以宣洩心中的不滿。（《契丹國志、東丹

王傳》）

遼東丹王李贊華自投後唐明宗後，長期居住中原，他的繪畫風格對後世影響很大。以附圖《東丹王出行圖》為例，人物形象似胡人，各具姿態，衣冠、服飾、佩帶亦各有不同，馬匹矯健、豐肥。而主角東丹王則神情憂鬱，若有所思，暗示了他棄遼投唐後的處境。

後明宗李嗣源在位八年（西元九二六～九三三年），崩卒後由養子李從厚立，是為後唐閔帝，但明宗另一養子李從珂不服，舉兵造反，閔帝被殺，李從珂嗣立，是為後唐廢帝，此時明宗女婿石敬瑭也不服，竟欲引契丹兵攻擊李從珂以便另建政權自立為帝，後唐廢帝眼見大勢已去，李贊華留他不得，便派宦官秦繼旻、皇城使李彥紳到李贊華府邸，將他殺之。及至石敬瑭得契丹之助，建立後晉，才下詔追贈李贊華為燕王，並且將李贊華靈柩送回契丹。

遼朝自創建者耶律阿保機死後，王位繼承問題就爭議不斷，耶律倍在耶律阿保機生前就被立為太子，然而阿保機崩後，在述律太后強力運作下，捨太子不立，而立次子耶律德光，從此歷代帝位繼承都是一場爭奪，遼太宗耶律德光在位二十二年（西元九二七～九四七年），崩卒後，述律太后原有意要扶立第三子耶律李胡（耶律德光之弟），但此人暴虐特甚，國人不服，故擁立耶律倍之子耶律阮，許多契丹元老、大臣、貴族都站在耶律阮這邊，述律太后為形勢所逼，只得承認由耶律阮繼位，是為遼世宗。

遼代・醬釉猴紐蓋雞冠壺

第五章 爲奪江山獻土地，敬瑭甘作兒皇帝

內外交困的後梁

唐末藩鎮割據嚴重，唐哀帝天祐四年（西元九〇七年），權臣朱全忠得唐帝「禪讓」即位，建國號爲梁，史稱「後梁」。朱全忠改汴州爲開封府稱東都，並以洛陽爲西都。

後梁初期曾力革唐代後期弊端，獎勵農耕，輕徭薄賦，發給官吏全俸，稍解官民倒懸之苦。但沒多久，朱全忠就開始縱情聲色。

朱全忠的長子早逝，次子博王朱文友的妻子王氏姿色美豔；三子朱友珪的妻子張氏也頗有姿色，因此朱全忠把兒子都派往外地任官，然後強占兒媳，致使後梁皇室內部不和。而外在形勢則更爲險峻。朱全忠雖篡唐，但各方割據勢力，如河東晉王李克用、鳳翔岐王李茂貞、淮南吳王楊渥、蜀王王建卻仍然奉唐昭宗（唐哀帝之父）年號，可見朱全忠的自立，並沒有得到舉國一致的認可。

後梁開平二年（西元九〇八年），李克用病逝，子李存勗繼任晉王。李克用之弟李克寧爲取晉王爵位，竟以河東之地降於後梁。李存勗和監軍於是合力誅殺李克寧，從此整軍經武，改革內政。據《資治通鑑》所載，李存勗「命州縣舉賢才，黜貪殘，寬租賦，撫孤窮，伸冤濫，禁

唐哀帝

唐哀帝李柷（西元八九二年至九〇八年），原名祚。唐昭宗第九子，唐朝末代皇帝，在位三年即被廢。次年死，年僅十七歲，後葬於溫陵。

唐哀帝即位時，不過是藩鎮手中的一個傀儡皇帝。天佑四年（西元九〇七年），朱全忠見廢帝滅唐時機已到，便先將唐朝朝臣全部殺光，接著又廢哀帝為濟陰王，自己做皇帝，建立後梁。

唐哀帝被廢後次年，即後梁開平二年（西元九〇八年），就被朱全忠毒死。諡號為昭宣光烈哀孝皇帝，因此又稱唐昭宣帝。

奸盜。」於境內大治。李存勗所訓練的軍隊更形成一支勁旅，對後梁形成嚴重的威脅。

後梁與晉圍繞著河北，多次展開激戰，結果均是後梁大敗。朱全忠自知幾個兒子都不成材，希望也有個像李存勗這樣的兒子，並曾在後梁乾化二年（西元九一二年）喟然而歎：「我經營天下三十年，不意太原餘孽（指李克用勢力）更昌熾如此！」之後又說：「我死，諸兒非彼敵也，吾無葬地矣！」

後來朱全忠病危時，召當時在宮中的二媳王氏前來，要她請丈夫朱文友迅速回宮準備接位，當時也在宮內的三媳張氏得知後，立刻派人通知丈夫朱友珪，朱友珪聞訊後率兵趁夜進

《匡廬圖》　荊浩，五代後梁畫家。字浩然。生卒年不詳。一介儒生，博通經史詩文，又工畫，尤妙山水。唐末避亂隱居太行山。五代十國本質上是唐朝藩鎮割據和晚唐政治的延續。唐朝滅亡後各地藩鎮紛紛自立為國。

入宮禁，先下手爲強，殺了朱全忠，然後矯旨再殺二哥朱文友，接著便自行登基。然而群情不服，隔年（西元九一三年）二月，朱全忠的四子均王朱友貞率禁兵殺朱友珪，在大梁（今河南省開封市）即位，是爲後梁末帝，改元貞明。

後梁的宮廷內亂，給晉王李存勗一個很好的機會，他一舉攻破幽州，又奪得天雄鎮（即魏博鎮，今河北省邯鄲市大名縣東北）。就在耶律阿保機建遼稱帝的後梁貞明二年（西元九一六年），後梁和李存勗在魏州（今河北省邯鄲地區大名縣）決戰，後梁大敗，七萬軍兵死傷殆盡，元氣大傷，朱友貞不禁大歎「吾勢去矣！」

然而前方戰場正大敗，後梁的宮廷卻還處於貪腐混亂的狀態。朱友貞寵愛德妃，進而信任德妃的兄弟張漢鼎、張漢杰，這二個外戚賣官鬻爵、離間將相，後梁已呈江河日下之態。

貞明三年（西元九一七年）之後，李存勗開始進攻後梁的心腹地帶河南。雙方在楊劉（今山東省聊城地區東阿縣北）、德勝（今河南省濮陽市濮陽縣、清豐縣一帶）兩處黃河口展開激戰，反覆拉鋸，一時難分勝負。

後唐皇權之爭

後梁末帝龍德元年（西元九二一年），後梁引契丹兵以拒晉王，耶律阿保機認爲機不可失，親自率兵長驅南下，但次年被李存勗打敗。

同年十月，李存勗已奪得河北三鎮。三年後（西元九二四年），李存勗已經奪得河東（今天津市一帶）、魏博、易定（今不詳）、鎮冀（今不詳）四大重鎮。同年四月李存勗在魏州（今河北省境內）正式稱帝，即爲莊宗，國號大唐，建元同光，史稱「後唐」。

五代十國是中國歷史上最混亂的時代，朝代更迭之速更是國史少見，臣子憑藉武力弒君奪位可說是稀鬆平常之事。

後唐莊宗於同光四年（西元九二六年）駕崩後，皇位由嗣子李嗣源繼位，史稱後唐明宗。明宗有一女婿，

《八達春遊圖》　五代後梁趙岩所繪的，描繪宮廷生活。圖中主角所穿的圓領衫沿襲了胡風，從這幅畫中可以看到大唐文化的相容並蓄。

名爲石敬瑭，明宗以他爲北京（指今山西省太原市）留守、河東節度使，兼大同、振武、彰國、威塞等軍蕃漢馬步軍總管，加兼侍中。

明宗的養子李從珂也是明宗非常信任的人，因此李從珂和石敬瑭常爭強好鬥，彼此猜忌，只是明宗在位，一時相安無事。後來明宗年老多病，後唐明宗長興四年（西元九三三年），明宗之子李從榮急於奪權，竟然率兵進入宮中，宮中衛兵殺死李從榮，但明宗受驚嚇而死，由另一子李從厚繼位，是爲閔帝（或作愍帝）。

閔帝即位後，因猜忌李從珂和石敬瑭，就在繼位的第二年，即應順元年（西元九三四年），任命李從珂爲河東節度使，而把石敬瑭調作成德（今河北省正定縣）節度使，逼迫兩人離開原屬根據地，從而削弱實力。李從珂怕在赴任途中被殺，於是起兵反抗，閔帝派大軍攻鳳翔（今陝西省寶雞市鳳翔縣），沒想到後唐的大軍都投降入李從珂陣營，李從珂也賞賜投降兵將以收攬人心。

閔帝又調動各路兵馬前去阻擋李從珂，結果這些兵將也都歸入李從珂帳下。聚集大軍的李從珂於是一路殺向後唐都城汴梁。到陝州（今河南省三門峽市）時，閔帝的親信大臣不是逃走，就是投降，閔帝只帶了五十騎落荒而逃，結果在途中遇到石敬瑭。

此時石敬瑭正好要從河東入朝，

末帝酒醉吐真言

末帝處處提防石敬瑭。他任武寧（今江西省九江市）節度使張敬達為北面行營副總管，令其兵屯駐代州（今山西省東北部），表面上是為防禦北方的契丹，實際是要分削石敬瑭的兵權。但石敬瑭也不是省油的燈，藉著籌措軍費的理由，他在洛陽及各處大肆搜刮民脂民膏，並將搜刮財物都運到河東，日久，「人皆知其有異志」（見《資治通鑑・卷二八〇》）。

後唐末帝清泰三年（西元九三六年）正月，石敬瑭妻子晉陽公主為末帝祝壽。祝完壽要辭別時，末帝在酒後不經意地說話：「何不多停留些日子，這麼急著回去，難道要跟石郎一起謀反嗎？」可見石敬瑭的反心此時已是人盡皆知了。

眼見閔帝身邊只有五十騎跟隨，連將相、侍衛、府庫、法物這四大象徵皇權的東西都沒有時，不禁喟然長歎，覺得閔帝根本不算是個皇帝。

身邊的弓箭庫使沙守榮就責備石敬瑭：「你是明宗的女婿，和皇帝一家榮辱與共，現在天子流離在外，你就該全力協助匡復王室，怎能因天子沒有攜帶象徵皇帝的儀仗，就不認他是天子呢？難道你要附和逆賊李從珂嗎？」可惜這一番義正辭嚴的話，石敬瑭根本聽不進去，反而更堅定他奪權的決心。於是石敬瑭親自率領大軍，與將領陳暉、劉知遠等人，殺光後唐閔帝身邊的五十騎，只留下閔帝一人。結果閔帝才走到衛州，就被刺史縊殺了。

而李從珂一入洛陽就繼位稱帝，史稱後唐末帝（或作廢帝）。繼位後，末帝雖然猜忌石敬瑭，但是仍然任他爲河東節度使，並未將他留在都城。石敬瑭的妻子晉陽公主，是後唐明宗的女兒，晉陽公主的生母曹太后此時尚且健在，爲了自保，更爲了之後的篡後唐大計，石敬瑭賄賂曹太后身邊的人，要他們打探李從珂的一舉一動。此外，石敬瑭還在來訪賓客之前僞裝成「羸瘠不堪爲帥，冀朝廷之不忌」（見《資治通鑑・卷二七九》）。

這時也有朝臣看出石敬瑭要謀反。呂琦等就判斷石敬瑭若要謀反，一定會勾結契丹以爲後援，所以主張與其任由石敬瑭勾結契丹，不如由朝廷跟契丹和親，以斷石敬瑭外援。

起初末帝欣然同意，但是樞密直

始建於五代後唐時期的東嶽廟大殿。由於晚唐五代時期政局混亂、戰亂不堪，使得儒學衰退、許多士人百姓紛紛尋求宗教上的撫慰。宗教依舊延續中晚唐的宗教局勢，大體上趨向崇道貶佛。

學士薛文遇卻反對「以天子之尊，屈身奉夷狄」，更阻止以國家「安危托婦人」。最後末帝採納了薛文遇的諫議，廢止跟契丹和親的提議。

既然不能阻止石敬瑭謀求外援，就得設法阻斷他跟契丹來往。所以末帝就想把石敬瑭調去天平（今不詳），但石敬瑭豈肯輕易離開自己的河東地盤？於是石敬瑭的謀士桑維翰就建議不如向契丹借兵，放手一搏，因為若不孤注一擲，勢必會被末帝所滅。在這種非反即死的情況下，石敬瑭別無選擇，只得乞兵於契丹。

兒皇帝

桑維翰雖然建議向契丹求援，但只是希望事成之後，給契丹一些金錢貨物作為酬謝。沒想到石敬瑭卻承諾一旦當上皇帝之後，除了每年送給契丹白銀三十萬兩、布三十萬匹之外，還會將燕雲十六州割讓給契丹，如此北方便門戶洞開，對後世造成莫大的影響。

所謂燕雲十六州，是指從今天的北京到山西大同之間的十六個州，其名稱如下：十六州裡，媯、檀、新、

燕雲十六州

州名	今地名	備注
幽州	今北京一帶	治燕州
薊州	今天津市薊縣	治薊
瀛州	河北省滄州地區河間縣	治河間
檀州	北京市密雲縣	治密雲
順州	北京市順義縣	治賓義
新州	河北省張家口涿鹿縣	治永興
媯州	河北省張家口懷來縣	治懷戎
儒州	北京市延慶縣	治縉山
莫州	河北省滄州地區任丘市	治莫
涿州	河北省保定地區涿州市	治涿
武州	河北省張家口市宣化縣	治文德
雲州	山西省大同市	治雲州
應州	山西省雁北地區應縣	治金城
寰州	山西省朔州市東北一帶	治寰清
朔州	山西省朔州市	治善陽
蔚州	河北省張家口地區蔚縣	治安邊

武四州屬幽州鎮，稱山後或稱山北；雲、應、寰、朔四州屬河東鎮，也稱山前或稱山南。十六州一割，從此山南、山北都歸契丹所有，中原門戶洞開。

更有甚者，石敬瑭還提出要拜契丹皇帝爲父親，他手下的大將劉知遠極力阻止，認爲對契丹稱臣尚可忍受，但要稱兒子就是太有辱國風了。可是石敬瑭不聽劉知遠的建議，執意要做兒皇帝，於是石敬瑭就這樣爭取到契丹的援兵。

後唐末帝清泰三年（西元九三六年），石敬瑭滅後唐，自立爲帝，是爲高祖，建國號爲「後晉」。後晉高

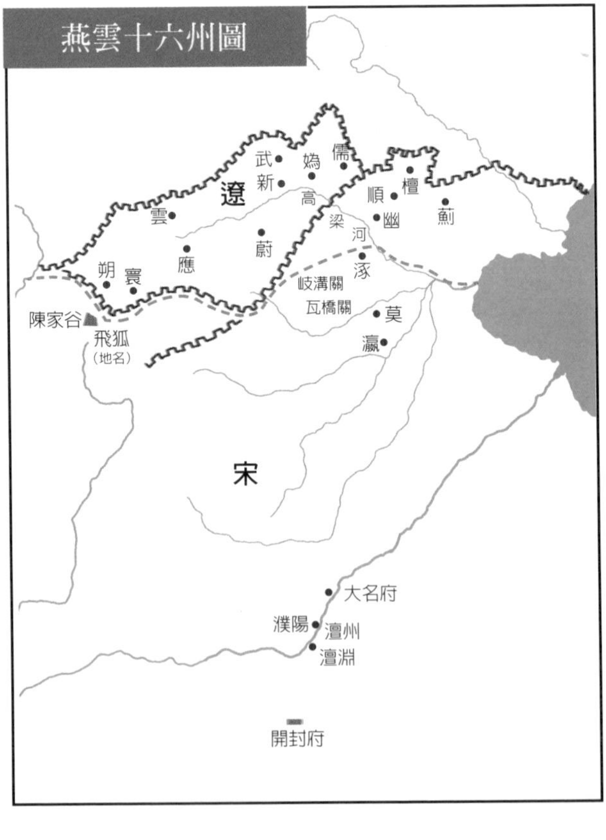

祖天福三年（西元九三八年），石敬瑭命馮道為契丹太后冊禮使，左僕射劉煦為契丹皇帝冊禮使，正式奉遼主為父皇帝，自稱臣，遼太宗耶律德光龍心大悅，讓石敬瑭以後上表不稱臣，而稱兒皇帝，這樣才像一家人。

遼代－白釉繪花雙獅枕　山西界莊窯屬磁州窯系。枕身上有一層化釉土，雙獅臥式動態，枕面上繪卷草一圖，中心開窗繪花卉紋，整體造形，粗獷霸氣，具有西域風格特徵。

後晉官員並非都如石敬瑭一般沒有氣節，成德節度使安從榮就為後晉以臣事契丹而不齒。從姓名看，安從榮很可能是西域安國（今烏茲別克西南布哈拉，Buxoro）胡人的後裔，出身行伍，為人粗率、勇猛好鬥，曾對人說：「現在只要手裡有強壯的兵馬，就可以當天子了。」一語點破五代十國的政治局勢。

安從榮對契丹派來的使者，不但不假以辭色，而且常予以臭罵。後晉天福六年（西元九四一年）六月，安從榮把契丹派來的使者拽刺抓起來，還派騎兵到幽州南境大肆掠奪一番，算是出了心中一股怨氣。契丹當然就向石敬瑭討「公道」，可是由於安從榮手握重兵，石敬瑭奈何不了，只好不停向契丹賠不是，外加賠償錢財。

安從榮殺了契丹使者，捅出大漏子，顯然不是道歉、賠錢可以了事。於是安從榮乾脆上表朝廷：「願自備十萬眾，與晉共擊契丹。」可是桑維翰卻勸石敬瑭說：「（安）從榮恃勇輕敵」、「非國家之利，不可聽也。」更進而勸石敬瑭「訓農習戰，養兵息民，俟國內無憂，民有餘力，然後觀衅（衅，音「信」，意與釁同，破綻也）而動，則動必有成矣。」

桑維翰的建議並沒有錯，只是石敬瑭並不是一個有遠見的政治家，也

官場不倒翁馮道

馮道（西元八八二～九五四年），字可道，自號「長樂老」，五代時瀛州景城（今河北省交河東北）人。

馮道在唐末投劉守光作參軍，劉守先敗後投河東監軍張承業當巡官。張承業重視他的「文章履行」，推薦給當時的晉王李克用，任河東節度掌書記。

後唐創立後，馮道在莊宗時出任戶部尚書、翰林學士；明宗時出任宰相。後晉也延攬他入朝，高祖、出帝時均任宰相。待契丹滅晉後，馮道被任為太傅，後漢、後周時仍任太師。

後周世宗征北漢前，馮道曾極力勸阻，激怒後周世宗，因而不讓他隨軍，令他監修周太祖陵墓。當時馮道已患病，葬禮完成後就去世了，被周世宗追封為瀛王。

馮道在藩鎮割據的五代十國亂世，能歷經四朝六帝，而且都能被重用，可謂官場不倒翁！

無法訓農習戰、養兵息民，等契丹內部不穩定時，再一舉出擊。且後晉各鎮都由武將把持，朝廷拿這些鎮將毫無辦法，而鎮將為了培植實力，無不盡情搜刮，人民苦不堪言；訓農習戰，養兵息民，根本就是天方夜譚。所幸安從榮也只是說說而已，並未派兵遣將攻打契丹。

天福七年（西元九四二年）六月，石敬瑭積憂成疾一病不起，在臨終時，他獨召大臣馮道，這時宦官抱著石敬瑭的幼子石重睿，向馮道行跪拜禮，然後再把孩子放到馮道懷裡。這很明顯是托孤之意，要馮道輔佐幼主繼位。不久石敬瑭撒手西歸，可是馮道卻沒有遵行石敬瑭的遺願，他認為國家正值多難，應立長君，於是跟侍衛馬步都虞侯（官名）景延廣商量後，擁立石敬瑭哥哥的兒子齊王石重貴為帝，史稱出帝，又稱少帝。

後晉覆滅

出帝石重貴登基後，立刻任景延廣為馬步都指揮使，更進而加封景延廣為宰相。景延廣一向對石敬瑭向契丹稱臣不齒。一旦他手握大權，自然就將不滿付諸行動，於是整個後晉朝廷掀起了一片反契丹的聲浪。

出帝在向契丹告喪的文書中只稱孫而不稱臣。當時的遼太宗看到告喪

趙延壽

趙延壽（？～九四八年）遼大將，常山（今河北省正定縣）人。本姓劉，後為趙德鈞養子，而改姓趙。

娶後唐明宗女興天公主，為汴州司馬。明宗即位後，又封他為汝州刺史，後歷任河陽、宋州節度使。後晉天福元年，兵敗為契丹所獲，封他幽州節度使。存詩一首：

黃沙風捲半空拋，雲重陰山雪滿郊。
探水人回移帳就，射雕箭落著弓抄。
鳥逢霜果饑還啄，馬渡冰河渴自跑。
占得高原肥草地，夜深生火折林梢。

文書之後，心生不滿。而遼朝廷中，漢臣趙延壽也妄想當晉帝，就趁機勸太宗出兵擊晉；而後晉內部的平盧（今遼寧省朝陽市）節度使楊光遠也想取出帝而代之，於是也遣密使到遼，遊說遼出兵伐晉。遼太宗對趙延壽、楊光遠的心思了然於胸，於是調集山後各州及幽州兵馬五萬人，交由趙延壽統率，並告訴趙延壽，只要滅了後晉，就讓他做皇帝。這五萬人幾乎都是漢人，再加上利祿薰心、一心一意要作皇帝的趙延壽，遼太宗這招標準的「以漢制漢」，可以說是高明至極。

後晉出帝天福三年（西元九四四年），趙延壽率領五萬兵馬奔向黎陽（今河南省北部），遼太宗則屯兵元城（今河北省邯鄲地區大名縣），後晉沿黃河設防。由於多年來，中原漢人受盡契丹人的淩辱，加之政府難得出兵抗擊契丹，後晉人心振奮，士氣高昂，初期接觸的幾場戰事，皆由後晉得勝。

趙延壽唯恐皇帝夢碎，力勸遼太宗親自率兵十萬駐澶州（今河南省清豐縣西南）城北作戰，但趙延壽膽怯。這次兩軍對壘，後晉將軍張從恩見契丹士兵多，就提議先退到黎陽，靠大河拒敵。結果沒有獲得同意，張從恩就自行領了一部分兵馬先走，其他各諸部也就相繼撤退，隊伍再次大亂，讓契丹撿了便宜。

不久，後晉蔣彥倫率五百人守相州（今河北省邯鄲市臨漳西南），趙延壽與契丹兵數萬準備攻打相州，只

出帝的殉國鬧劇

契丹兵臨開封時，後晉出帝裝模作樣地在宮中放了一把火，拿了一把劍，逼後宮十多人跟他一起投火殉國。結果被親軍將領薛超抱住，出帝於是「只好」令翰林學士范質寫下降表。

而且不但石重貴有降表，太后李氏也有一分降表，降表寫好後，再由出帝的兒子石延煦、延寶連同國寶、金印獻給契丹，後晉總算是滅亡了。

是聽說後晉有援軍，就馬上撤退了。契丹軍自恆州（今河北省石家莊市正定縣）北還，經過祁州（今河北省保定地區安國縣）時，探聽到祁州城中只有很少的守軍，便急忙攻打祁州。祁州刺史沈斌堅守不讓，趙延壽在城下對沈斌說：「你我是老友，古語說『擇禍莫若輕』，何不投降呢？」沈斌回他說：「你父子走錯了路，投降外族，還敢帶領豺狼來殘害本國，眞是不知羞恥……我雖然弓斷箭盡，但甘爲國家而死，絕不會像你向外族乞降。」第二天，祁州城被攻破，沈斌自殺。

後晉出帝重用姑丈杜威爲北面行營都招討使，統率諸軍。但杜威既無才華又貪殘無比，後晉諸多將領都對他心生不滿，讓才剛聚攏的民心士氣又鬆散了下來。再加上出帝驕侈荒淫，尤其寵愛優伶，對他們的賞賜，居然多過奮勇殺敵、身負傷殘的士兵好幾倍甚至幾十倍，這怎不叫爲國家奮不顧身的將士心寒呢？

後晉與契丹對峙的結果，顯然是後晉失敗。後晉出帝開運三年（西元九四六年），契丹軍兵臨城下，出帝只得投降。

石敬瑭靠契丹稱帝，傳到姪石重貴，前後只有二帝，共十一年。石重貴投降後，契丹就將他和李太后一起遷到契丹境內，他們沿途受盡屈辱。《資治通鑑》以及歐陽修編撰的《新五代史》，分別記載了這批亡國奴北遷的情形。

石重貴一行除李太后外，計有宮女五十、宦官三十、東西班五十、醫官一、控鶴四、御廚七、茶酒司三、儀鸞司三、六軍士二十人從，眞是一支龐大的隊伍。遼朝派三百名騎兵押送。石重貴投降後，遼朝拜他爲光祿

一心向漢的後晉太后

到遼沒多久，石重貴的生母安太妃就病薨了。從安太妃的姓氏來看，她也有可能是西域安國人。

安太妃臨終時交代，她死後要依據西域胡人的葬俗火化，然後把骨灰向南飄灑，希望能隨風飄向中國。從這一點看，她雖還保留有胡族的傳統習俗，但是已經徹底融入中國了。

就在這時，石敬瑭的妻子李太后也病了。病情加劇，又缺乏醫藥，李太后自知末日將至，就告訴石重貴：「我死後將我火化，骨灰送到范陽佛寺，不要讓我成為契丹統治下的鬼魂。」但石重貴並沒有把她的骨灰送到范陽佛寺，而是照契丹意思，在熨斗山（今不詳）的墳地安葬李太后的骨灰。而之前安太妃的骨灰也沒有照她的遺願灑向南方，也是葬在熨斗山。

大夫、檢校太尉兩個虛銜，又封他為負義侯，顧名思義就是在羞辱他。

遼世宗天祿元年（西元九四七年）四月，石重貴來到遼陽（今遼寧省遼陽市），穿上白衣紗帽，跪見遼當時的皇帝世宗。世宗帶走石延煦以及石重貴的宦官十五人，東西班十五人。耶律阮的內兄禪奴舍利聽說石重貴有一個女兒還未嫁人，就想娶她。石重貴以女兒年紀還小婉拒了。但身為俘虜焉能拒絕？幾天後，世宗就派騎兵，強擄這個公主，賞給禪奴舍利。

遼天祿二年（西元九四八年），遼朝把石重貴等人安置在建州（今遼寧省朝陽市內）。

石重貴一行在建州安頓下來後，遼朝在城外劃了五十多頃地，要石重貴一夥人自行耕種。這些人自幼養在深宮裡錦衣玉食，這下成了「農民」，當然苦不堪言。然而除了接受，又能奈何？還不只如此，石重貴的兩個寵姬趙氏和聶氏，都被遼太宗之子，述律王耶律璟看上，而被強行奪去。石重貴此時已是刀俎上的魚肉，只能任人宰割了。

據史料所載，後周恭帝顯德二年（西元九五五年）時，有人從遼境到中原，還提到後晉這批俘虜皇族還活著的消息，可惜最後究竟如何？並無文獻記載，只有《新五代史》稱其不知所終。

第六章 契丹賢后蕭燕燕，巾幗豈肯讓鬚眉

耶律阮奪權之謎

契丹自建立遼之後，帝位的繼承就一直很不平順，耶律倍奔唐後，遼朝皇室內部的衝突更是不曾間斷。

遼太宗耶律德光過世後，依照皇室血緣遠近看，最有資格繼承皇位的應該是耶律倍的長子，永康王耶律阮、太宗長子壽安王耶律璟以及太宗弟耶律洪古（即耶律李胡）三人。述律皇太后寵愛三子李胡，之前已設法要太宗頒給李胡皇太弟的名號，更授之以天下兵馬大元帥的職位，顯然是要讓李胡成爲皇位的繼承人，可是據《遼史》所載，耶律李胡「少勇悍多力，而性殘酷，小怒輒黥人面，或投水火中。」爲人極端暴虐，不得人心。可是偏偏太后述律氏尤爲寵愛他，這就爲太宗過世後的皇權爭奪戰掀開了序幕。

耶律倍投奔後唐後，妻、子都還留在東丹。遼太宗南征後唐時，耶律阮爲了尋找父親的遺骸，曾隨同太宗南征。沒想到太宗在歸途過世，消息傳回契丹，述律太后就一心要把帝位傳給不得人心的李胡。之前，太祖阿保機過世時，還是皇后的述律氏爲使耶律德光順利繼位，曾誅殺許多隨同阿保機南征北討的將領。現在眼看情況類似，隨同太宗南征的將領不禁深

耶律安搏

耶律安搏（？～九八三年）契丹族，阿保機伯父嚴木之後。遼太宗大同元年（西元九四七年），耶律德光於欒城（今河北省石家莊市欒城縣）駕崩，耶律安搏時直宿衛，便與耶律阮密謀，勸其為帝；又與南、北二大王計議，擁耶律阮繼位為世宗。

耶律阮以他為心腹，總知宿衛，首任北院樞密使，賞奴婢百口。但耶律安搏對政敵控制不力，又不能鎮壓察割叛亂，造成政局混亂，最終導致遼世宗被殺。穆宗繼位後，不再重用耶律安搏，穆宗應曆三年（西元九八三年），耶律安搏被誣參與謀反，下獄死。

感恐懼，唯恐舊戲重演，他們認爲即使能躲過太后誅殺，也恐怕難逃好殺成性的李胡的毒手，所以執掌軍中兵權的南院大王耶律吼、北院大王耶律洼等將領，都暗中擁立同在軍中的永康王耶律阮，讓他先行繼位後再行北返。

耶律阮擔心如果這時自立爲帝，既有祖母一心維護的皇太叔耶律李胡，又有位於上京的太宗長子壽安王耶律璟，因而猶豫不決，於是找擔任宿衛的心腹耶律安搏商量。耶律安搏認爲：耶律阮「聰安寬恕，人皇王（即東丹王）之嫡長子，先帝雖有壽安，天下屬意多在大王，今若不斷，後悔無及。」（《遼史·卷七十七·耶律安搏列傳》）。

耶律阮這下有了信心，而耶律安搏更在軍中散布謠言，說太后所寵愛的耶律李胡已經死了，以強化軍隊擁立耶律阮的信心。眼看一切布署就位，耶律阮拿出一分事先準備好的遼太宗「遺詔」宣讀：「永康王爲太聖皇帝（指遼太祖耶律阿保機）之嫡孫；人皇王之長子，太后鍾愛，群情允歸，可於中京即皇帝位。」

耶律阮就憑這一份「遺詔」，在遼太宗靈柩前繼位。當時掌握兵權的耶律吼、耶律洼向軍隊下達命令：「先帝龍馭上賓，神器無主，永康爲人皇王之嫡長子，天人所屬，當立；有不從者，以軍法從事。」先是以製造「遺詔」取得繼承的「合法性」，再祭上「有不從者，以軍法處事」加以威脅，耶律阮就這樣當上了遼朝的第三任皇帝，史稱遼世宗。

世宗即位後幾天，契丹大軍繼續北返到定州（今河北省保定市內），世宗派人護送太宗的靈柩先行到上京，同時向述律太后稟報自己已經繼承帝位。述律太后聞後勃然大怒道：「我兒耶律德光東征南戰，立下汗馬功勞，自然是由他的長子繼承大統，你（耶律阮）父親耶律倍大逆不道、背棄大遼投奔他國（指東丹王投奔後唐），豈可立此人之子做皇帝？」

述律太后遂派耶律李胡領兵攻擊世宗，並且加派漢將李彥韜爲排陣使（軍事職官名稱）。部隊向南前進時，耶律李胡在泰德泉（今北京市北方）被率軍北返的世宗前鋒打敗了，而李彥韜乾脆投降世宗。消息傳回後，述律太后更是怒不可遏，親率大軍南下，想要擊垮世宗。兩軍相距於潢河。述律太后曾經誅殺許多契丹大臣，早已引起許多契丹貴族的憤恨。這時兩軍對峙，眼見世宗軍容嚴整，聲勢浩大，述律太后麾下一些將校因此轉而投降世宗陣營，局勢顯然不利於述律太后。

眼見勝券在握，爲免同室操戈，世宗上書述律太后希望不要兵戎相見，改協商以解決衝突。述律太后審時度勢，雖然自己引重兵南下，但是在前鋒吃了敗仗，排陣使又向世宗投降了，認爲自己未必能贏。與其兵敗，不如趁現在手中還有重兵，憑著自己的身分，和談未必沒有機會，於是就找契丹的惕隱（契丹語，典族屬官，也就是宗正之類的官，屬族中長老）耶律屋質商量，開始跟世宗談判。

在談判過程中，世宗質問，當初太祖駕崩時，何以不立太子耶律倍而刻意改立耶律德光？世宗藉此重申，自己身爲耶律倍的嫡長子，理當繼承帝位。

述律太后則辯稱扶立耶律德光是秉承太祖的遺旨，世宗當然知道這只是藉口。而述律太后一心要立幼子耶律李胡，更是契丹貴族最不願意接受的事情。這時參與談判的耶律屋質說，當年耶律德光之所以得立，是「太后牽於偏愛，托先帝遺命，妄授神器」，此時認爲既然有嫡長子系的世宗，就不該再傳位給諸弟耶律李胡，當初傳位耶律德光已經引人非議，如今若再傳位耶律李胡，就更不服眾了。述律太后想想，當年執意立耶律德光，確實令長子耶律倍難堪，而目前的情勢雖然還不致於眾叛親離，但政治、軍事兩方面，優勢都不在己方，她也只得順水推舟同意由世宗繼承帝位。

於是遼世宗天祿元年（西元九四七年），久經談判後，述律太后終於同意承認世宗繼位的合法性。

蕭翰叛亂

世宗回到上京後，立刻追尊父親東丹王耶律倍爲讓國皇帝，一方面寄託孝思，另一方面也突顯他繼承帝位的合理性。

但世宗對述律太后以及耶律李胡仍滿懷戒心，爲鞏固統治權，他以「懷有異謀」的罪名，將述律太后和耶律李胡幽禁在祖州（今內蒙古自治區赤峰市巴林左旗西南），禁止他們出入。又處死他們的黨羽司徒劃設等人，還把述律太后的長寧宮分賜給「翼戴功臣」；其次，世宗母舅一族提升爲國舅帳，以鞏固統治基礎；其三，耶律倍大肆封賞擁立有功之人，升耶律洼爲于越（貴官，居北、南大王上，非有大功者不授。見《遼史．國語解》）；耶律吼爲秉訪使；安端爲明王，主持東丹國事，其子察割（或作察哥）也封爲泰寧王；劉哥封爲惕隱；後晉降將高勛被封爲南院樞密使主持漢人事務。其四，爲了加強統治，世宗特別在北面官中創設北樞密院，任耶律安摶爲北樞密使，兼領契丹兵馬大權。北樞密院從此就成爲北面官中最高的行政機構。此外，他又仿漢人制度設立政事省，並下詔令各州縣錄事參軍、主簿之類的佐官，都歸政事省管理。諸多措施，一切目的都旨在鞏固政權。

然而遼朝並沒有因世宗的改革而趨向穩固，世宗如同他父親耶律倍一般傾心漢化。《遼史》說他「慕中原風俗，多用晉臣」。這引起契丹貴族的反感，而世宗時常「侮諸宰執」更激起契丹貴族的不滿，不滿情緒不斷累積，終將爆發。

世宗天祿二年（西元九四八年），原擁立世宗的耶律德光次子耶律天德、述律太后的姪子蕭翰、劉哥等暗中勾結，陰謀造反，被世宗識破，於是世宗下令殺耶律天德，並狠狠打蕭翰一頓，將劉哥流放邊遠地區，叛亂暫時被壓制下來。

可是到第二年（天祿三年，九四九年）初，被打的蕭翰心有不甘，他

遼代・彩色泥塑金剛力士像　天津薊縣獨樂寺山門。

和妻子，耶律倍之妹阿不里公主，兩人慫恿明王安端一起謀反，被安端的兒子察割告發。蕭翰被殺，阿不里公主下獄不久死在獄中。由於揭發有功，察割因而深得世宗寵信，他領女石烈軍，並且可以隨時出入禁宮。統領禁軍的右皮室評穩（諸官府監治長官）耶律屋質曾多次提醒世宗要多加防範察割，可是世宗不以爲然，認爲察割「捨父從我，可保無他。」未加以絲毫防範，依然對他寵信不疑。

天祿五年（西元九五一年）正月，中原局勢又有變化，由石敬瑭部下劉知遠所創的後漢，被另一將領郭威所滅，建國號爲周，史稱「後周」。

同月，後漢宗室北京留守劉崇在太原建立政權，仍定國號爲漢，史稱「北漢」，占據河東一帶。劉崇由於力量不大，於是投靠遼朝，自稱「姪皇帝」。之前太宗率兵南下，不但未能達到預期的戰果，反而死在征途，國力大損，世宗繼立時，國家更是陷入一連串的動盪不安，讓遼對問鼎中原是心有餘而力不足，此時北漢主動表示臣服，世宗當然大喜過望。也正在這時，江浙一帶的另一政權南唐，也想藉遼的力量以逐鹿中原，所以多次派遣使者向遼朝示好，鼓動遼朝出兵討伐後周，以坐收漁人之利。

世宗於是一面派使前往北漢，冊封劉崇爲「大漢神武皇帝」，一

一代賢臣耶律屋質

耶律屋質（西元九一五～九七三年），字敵輦，遼代政治家、學者。《遼史》稱他「資簡靜，有器識，重然諾。遇事造次，處之從容，人莫能測。博學，知天文」。曾歷侍太宗、世宗、穆宗、景宗四朝，勇於任事，善於調停，參與平息遼在皇位繼承問題上的兩次大亂，對遼初政權的鞏固及社會的穩定有重要的影響力。歷任惕隱、右皮室詳穩、北院大王，加于越，景宗保寧五年過世。

面想引軍南下會同北漢軍力攻打後周。天祿五年（西元九五一年）夏天，遼世宗在百泉嶺（今不詳）避暑，同時召集諸部大人商議南征後周事宜。其實遼國自太祖耶律阿保機以來，幾乎連年征戰，人民已經怨聲載道。諸部大人都不願意再打仗，可是世宗堅持南征，眾多契丹貴族忿恨不已，可是又不得不服從。

同年九月，世宗來到歸化州（今河北省張家口市宣化縣）的祥古山，祭拜父親耶律倍的陵墓。之後，君臣飲宴，世宗大醉，夜間，察割夥同貴族耶律盆都等人，衝進御帳，殺死了世宗、皇太后、皇后等人，隨後自立爲帝。耶律屋質早先的懷疑成眞了，這時耶律屋質急忙更換衣冠連夜逃出險地，召集在外諸將，迎立太宗長子耶律璟。此時耶律璟正逃到南山躲避世宗追殺，耶律璟既得諸將的擁立，立刻出兵討伐察割，察割的黨羽一見耶律璟、耶律屋質等來勢洶洶，知道大勢已去，紛紛投降。最後察割被殺，叛亂很快被弭平。

耶律璟於是順利即位，史稱穆宗，並改元應曆。穆宗生性暴虐，左右侍從稍有過失，就會受到嚴懲，因而很不得人心。

應曆十九年（西元九六九年）二月，穆宗到懷州（今內蒙古自治區赤峰市巴林左旗西）游獵。一天他獵了一頭熊，便召集近臣豪飲慶賀，結果酩酊大醉，因沒吃到食物，便勃然大怒要處決廚工。於是「掌膳者懼其禍」，便趁夜深人靜時，由近侍小哥等六人假意捧了食物獻給穆宗，然後在黑山行宮刺殺穆宗，穆宗因此崩卒，年僅三十九歲。而小哥這六人趁夜逃離，直到五年之後才被抓獲。

遼代・彩色泥塑金剛力士像　天津薊縣獨樂寺山門。

耶律賢繼位

穆宗崩卒後，由世宗之子耶律賢繼位，即為景宗，遼朝帝位於是又回到耶律倍這一系，而且從此延續到最後的天祚帝耶律延禧為止。

耶律賢，字賢寧，小字明扆，也有文獻稱他契丹名叫明記。生於世宗天祿二年（西元九四八年），四歲時親歷察割之亂，親眼看見父親世宗、母親、祖母被殺的慘劇，當時察割本想連耶律賢一併斬草除根以杜後患。但御廚、尚食劉解里見他年幼不忍心下手，就用氈毯把他包起來，藏到一堆木柴之中，耶律賢才僥倖躲過一劫。後來穆宗繼位後，為攏絡人心，兼示自己的仁慈心腸，便把失去父母的耶律賢養在永興宮。

景宗自小目睹穆宗酗酒好殺，游獵無度，以致吏治敗壞，心中頗有感觸，時有不滿之言，所幸右皮室評穩耶律屋質適時加以制止，並勸告他不要因多言而招禍。穆宗曾以各種理由殺了許多宗王，正是在耶律屋質的教導下，景宗賢才一直都謹言慎行，得以在暴虐的穆宗眼前保全性命。

景宗繼位後，百官上尊號為天贊皇帝，同時大赦天下，改元保寧。為鞏固統治基礎，景宗與「翼戴」有功的權臣蕭思溫聯姻，娶蕭思溫的第三個女兒蕭燕燕為妻。

蕭思溫的父親蕭忽沒里，是太宗

遼皇后姓氏之謎

研讀《遼史》時，最令人困惑的莫過於，何以遼代的皇后都姓蕭？

遼代有名的皇后蕭燕燕、蕭觀音都姓蕭，似乎是漢人。尤其是蕭觀音還有很好的文學功底，就更像是漢人了，其實不然。這些皇后之所以都姓蕭，源於耶律阿保機的規定，《遼史．后妃傳》說得很清楚：

「太祖（指耶律阿保機）慕漢高帝（指劉邦），故耶律氏兼稱劉氏，以乙室（室下脫一己字）、拔里，比蕭相國（指蕭何），遂為蕭氏。」

契丹或遼皇室只與拔里、乙室己、述律三個氏族聯姻，而這三氏族都被賜姓蕭氏，所以遼代皇后是蕭姓，是契丹人而非漢人。

之母述律太后的族弟。蕭思溫娶太宗長女呂不古，又將長女胡輦嫁給太宗次子罨（音「夜」，意爲閉目）撒葛。所以蕭思溫既是罨撒葛的岳父，又是他的姊夫；既是遼太宗的親家，又是他的女婿。而蕭思溫的次女，嫁給耶律李胡的兒子喜隱，如果從這個角度看，他既是太祖阿保機的親家，又是他的孫女婿。蕭思溫的三女蕭燕燕又嫁給阿保機的曾孫景宗，兩家關係眞是錯綜複雜。

蕭思溫一族與遼朝皇室耶律氏的複雜姻親關係，使得蕭燕燕從小就對宮廷詭譎莫測的政治鬥爭耳濡目染。所以她對政治的掌握已是嫻熟至極。

蕭思溫本已經將蕭燕燕許配給漢人韓德讓，韓德讓是太宗陵寢永興宮的「宮分人」，遼朝每個皇帝都有一個宮帳，每個宮帳都有專屬的若干州、縣、跟部族或漢人，作爲皇帝的采邑跟奴僕，皇帝死後，就作爲陵寢，「宮分人」就是屬於宮帳的奴僕，身分看似很低，但是卻接近權力核心，所以十分重要。就在韓德讓要迎娶蕭燕燕的前夕，景宗爲了拉攏蕭思溫一族欲與蕭家聯姻，而向蕭家提親，考量再三後，蕭思溫取消了和韓家的婚約，把蕭燕燕許配給景宗。這年爲景宗保寧元年（西元九六九年）蕭燕燕十七歲，景宗二十二歲。

蕭氏一族本來就顯赫無比，蕭燕燕被立爲皇后後，更是貴不可言。蕭思溫因此加封爲魏王，蕭燕燕已故的祖父胡母里也被追封爲韓王，她的伯父胡魯古兼政事令、尼古只兼得中。待蕭思溫過世後，又被加封爲楚國王。

景宗年幼歷經磨難，長期飽受驚嚇，身體一直很不好，許多政事都委由蕭燕燕處理。景宗保寧八年（西元九七六年）初，景宗交待負責起草聖旨的史館學士，今後書寫皇后的旨意也稱「朕」跟「予」，並且「著爲定式」。從制度上給予蕭皇后處理朝政的合法性，從此遼朝臣民把皇后和皇帝視做平等，稱之爲「二聖」。

由於體弱多病，景宗只活了三十五歲（西元九四八～九八三年），最終在一次狩獵時於焦山（今山西省大同市內）駕崩。

景宗駕崩時，他的兒子耶律隆緒只有十二歲，孤兒寡母，而且景宗又是在游獵忽然過世，因此形勢相當危急。所幸韓德讓這時已官拜南院樞密使，他出面穩住慌亂的局面。當時蕭燕燕很恐懼地說：「母寡子弱，族屬雄強，邊防未靖，奈何？」韓德讓和南院大王耶律斜軫對蕭燕燕說：「信任臣等，何慮之有！」就這樣，蕭燕燕母子在韓德讓布署之下，度過了難關。（見《遼史．后妃列傳》）

韓德讓獻計

韓德讓隨景宗在焦山一帶狩獵，他獲知景宗突然病危的消息時，並沒有等候帝、后詔令，就密召親屬和可靠的親信十多人，趕到景宗宮帳，協助皇后蕭燕燕攝政，並力保耶律隆緒順利繼位，是爲聖宗，同時封鎖景宗駕崩的消息。

聖宗即位後，蕭燕燕就成爲輔政的太后，韓德讓進一步奏請太后立即更換執政大臣，將異己大臣調離政權核心；並命令各宗王回到自己的府邸，禁止他們私下聚會，然後剝奪他們的兵權。

景宗出外游獵時，還有一些宗王留守上京，韓德讓又奏請蕭太后立即下旨召這些留守宗王的妻兒到焦山天子行宮，等於把他們調到身邊做人質。將這一切都布署妥當之後，才宣布景宗駕崩的消息，並且召集契丹、漢大臣百官到景宗行帳前，宣讀景宗「遺詔」，要諸王公大臣共同擁立耶律隆緒在景宗靈柩前繼位，同時改元統和，並大赦天下。蕭太后也順理成章奉「遺詔」攝政，由她總理軍國大事。

蕭燕燕母子得以順利掌政，韓德讓和耶律斜軫居功闕偉，因此擢升耶

蕭太后的政治手段

蕭太后政治手腕高超，剷除異己的宗王、貴族、大臣絕不手軟，攏絡他們更是得心應手。她召見被景宗貶抑的庶兄質睦（或作只沒），加以慰勉，並封之為寧王，以示攏絡，緩和皇族衝突。

此外，她也深知高壓統治能起到嚇阻效果，所以下達命令「禁所在官吏軍民不得無故聚眾私語及宵禁夜行，違者罪之。」凡此種種充分顯示了蕭燕燕政治手段之高明。

律斜軫、韓德讓分掌北、南樞密院，二人可參決朝廷大政；同時又命韓德讓「總宿衛事」，等於讓他掌管宮廷的禁軍，另外南邊事委諸耶律休哥，大致控制了朝廷內外大權。

在契丹、漢人心腹大臣的鼎力輔佐下，蕭太后鞏固了自己的地位，這些心腹大臣更以「太后預政，宜有尊號」爲名，要有關官署研擬爲太后上尊號的細節。

遼聖宗統和元年（西元九八三年）五月，近臣商議爲蕭太后「上尊號冊禮」。韓德讓上奏東漢皇太后垂簾聽政的典故，以作爲太后上尊號之先例。只是東漢之所以日漸衰微，一個間接的原因就是皇太后干政，造成外戚宦官的惡鬥，致使朝政日衰，韓德讓以此爲例，並不恰當。不過他上奏之後，很快的，六月時遼聖宗就率大臣向蕭太后獻上「承天皇太后」的尊號。

到了七月，承天皇太后就臨朝聽政，從此開啓遼朝蕭太后攝政時期。

承天太后之新政

蕭燕燕正式攝政之後，爲表示與眾不同，就改國號爲契丹，號稱大契丹國，直到遼道宗咸雍二年（西元一〇六六年），才又改回遼。由於政局已經穩定，蕭燕燕便頻頻舉辦契丹傳統的祭祠天地與再生禮。這一連串的祭禮活動，目的可能是在向契丹貴族宣達她有多重視契丹傳統。

遼朝自太祖耶律阿保機後，皇位的傳承都是在鬥爭和腥風血雨中完成，因此新帝爲鞏固權位，都將大部分精力都用在整肅異己上，對於建設國家、改善民生，已是心有餘而力不足。聖宗之前，遼朝的政績乏善可

再生禮

所謂再生禮，又稱復誕禮，據《遼史・國語解》載：「再生禮，契丹舊俗，每十二年一次，行始生來禮，名曰再生。唯有皇帝與太后、太子及夷离得行之。」但在統和四年（西元九八六年），蕭太后就曾兩行再生禮。

蕭太后既多次行再生禮，而她又能不受傳統習俗的約束，看似矛盾，其實這正是她聰明慧黠之處，她舉辦祭祀天地和再生禮，用以顯示自己是契丹的女兒；而不遵從習俗的時間限制，正用以突顯她的絕對權威。蕭太后過人的智慧和靈活的政治手腕可見一般。

陳，聖宗又沖齡繼位，由蕭太后垂簾聽政，難免要剷除異己鞏固政權。於是聖宗隨後就開始內政改革。

蕭太后不僅精於權術，還善於治國。她下令各州縣官吏不得曲從貴族大臣，必須唯朝廷之命是從，前人未能完成的中央集權就這樣達成了。她接著銳意整頓吏治，詔令「舉薦才行之士、糾察貪官酷吏、撫問老年、禁止民眾之奢侈、僭越行爲」，同時表彰州縣「長吏有才能、無過失者」。爲了樹立威望，蕭太后刻意對迎合上意的太師柘母「撻之二十」，用以表示在她統治之下，只要曲意奉承，縱然貴爲太師照樣嚴懲不貸，從此官場先意承旨阿諛之風收斂不少。

蕭太后還要求各級官吏「留心聽漸」，減輕刑罰。對於多年難以斷定的懸案，她不惜親自審理，可見她對民生相當重視。當然所有重大案件不可能都由她一一審斷，所以她敕令處理案件要做到「諸刑獄有冤，不能申雪，聽人至御史臺陳訴，委官覆問」，並派得力官員到各地協助辦案。蕭太后能看出這一點，而且進行改革，確實有效減少各地懸案。

據《遼史》所載，蕭太后當政時期，遼朝「國無倖（憤恨不平）民，綱紀修舉，吏度奉職，人重犯法」，是對蕭太后執政的正面評價。

遼朝自建國以來，內外戰爭不斷，消耗不少國家的經濟實力。蕭太后當政之前，遼國人民的賦稅就相當沉重。蕭太后在這方面也做了改革，她設法減免一些賦稅，同時獎勵開墾，賑濟災荒，鼓勵生產。在這一系

韌性極强的党項

党項，也作党項羌，建有夏政權，史稱「西夏」，據今青海、寧夏、甘肅一帶。

西夏是一個韌性很強的少數民族政權，初興於唐朝後期，被賜姓李氏。遼興宗景福二年（北宋仁宗天聖二年，一〇三二年）正式建元立號。直至蒙古成思汗鐵木真六度討伐之後才於南宋理宗寶慶三年（西元一二二七年）滅亡，享祚一百九十六年，超過北宋、金、南宋。

列的措施下，遼國人民得以喘息。

蕭太后在文治方面多有成就，對國防也毫不放鬆。她任命戰將耶律休哥於北宋相鄰的南京留守，意在防備北宋；又命韓德讓等人率兵討伐党項。

蕭燕燕同時令韓德讓等人討伐阻卜。阻卜位於華北的北方，在今內蒙古南邊近長城一帶。又命齊王妃（蕭燕燕之姊）領兵駐紮西邊的驢朐河（今克魯倫河），以防備韃靼（就是後來的蒙古）。修築可敦城，作爲遼朝西北方的邊防重鎮。此外還命耶律阿沒里等將領東征

舊時年畫．《幽州城內南北合好》　描繪的是《楊家將演義》中的故事：北宋時，遼國蕭太后與楊六郎於雁門關交戰，佘老太君奉旨助戰，大敗遼軍。蕭太后無奈，遞表乞降，蕭、楊兩家骨肉團圓，宋遼兩國亦歸和好。

北京高梁橋　位於北京西直門外，因橋跨古高梁河而得名。一千零三十年前，西元979年8月1日(舊曆七月初六)，宋軍與遼軍在高梁河畔激戰，最終宋軍慘敗，宋軍的勢氣急轉直下。從此以後不再具備絕對優勢。

高麗、女眞，使高麗「稱臣奉貢」成爲遼的屬國。經過征伐之後，党項也向遼奉表進貢，遼封其首領爲西夏王。經過這大量軍事布署後，遼朝就要全力對付南方的北宋了。

早期遼宋之爭

由於石敬瑭將燕雲十六州割讓給契丹，使得趙匡胤建立的北宋處於北方門戶洞開的局勢，趙匡胤自然無時無刻想的都是收復燕雲十六州，但他登基之初，南方尙有十國紛立，必先安內，方可攘外。等到弭平十國後，趙匡胤便一心要奪回燕雲十六州。

宋滅北漢的第二年（北宋太祖開寶九年，遼景宗寶寧八年，西元九七六年），趙匡胤之弟趙匡義繼位，史稱宋太宗。

北宋太宗太平興國四年（西元九七九年），太宗趁滅北漢之勢，想一舉奪下燕京，收復燕雲，但他沒有意識到已苦戰數月的宋軍早已疲憊不堪，況且所帶糧草也並不充裕，許多將領都不贊成此時揮軍燕京，可是宋太宗卻認爲應該趁勝一鼓作氣奪下燕京。一意孤行的宋太宗，在這一年五月揮師北上，順利到達位於今北京高梁河附近的歧溝關。此時遼軍守將根本沒料到宋軍會出現，在毫無準備情況下，紛紛棄守而逃。宋軍於是直奔燕京，但這時遼軍已有準備，在高梁河附擊潰宋軍，史稱「高梁河之役」。

宋太宗對此戰始終耿耿於懷，更不明白爲何滅北漢的雄師竟大敗於高梁河，於是深加追究緣由。可能如諸將領所說，雖然宋軍戰勝北漢，但是他們已經師老兵疲，加之糧草不充足，所以飲恨高梁河，宋太宗敗在後勤補給和士氣不振，並不是他領導統御有誤。但宋太宗仍一心一意要收復燕雲，在言談之間常以敗於高梁為恨，未能收復燕雲為恥。

此時北宋初立，朝政上下仍充滿著一股積極的新氣象，因此宋臣屢次上奏請求出兵收復燕雲，為宋太宗的出征製造輿情。此外，北宋大臣搜集的遼國情報有誤，認為遼由契丹族所建，但卻是漢人韓德讓當權，因此妄斷遼內部必然矛盾重重，將相不和、胡漢對立。這種看法一時充斥著大宋朝廷，為揮軍北伐「建立」理論基礎。

其中最荒謬的要數知雄州（今不詳）的賀令圖和他父親岳州（今湖南省岳陽市）刺史賀懷浦，他二人稱：「契丹主年幼，國事決於其母（蕭太后），其大將軍韓德讓寵幸用事，國人疾之，請乘其釁以取幽薊。」這分「敵情分析」實在是荒謬至極。賀家父子僅憑揣測胡漢之間不和，便得出「國人疾之」的結論。

這偏偏迎合了北宋君臣的需求，也再度激起宋太宗揮師北伐的雄心壯志。太宗雍熙三年（遼聖宗統和四年，西元九八六年）正月，北宋再次北伐，兵分北、中、西三路。戰爭初期，宋軍輕而易舉地克復寰州（今

楊家將　楊家將的故事膾炙人口，民間戲曲多次改編演出，此圖即為清代時創作的「楊家將」版畫。

楊家將

民間傳說以及戲劇熱門劇目的楊家將，就是出現於宋遼戰爭。楊家生活在山西北方，世代從軍，府邸稱天波楊府。自唐代藩鎮割據後，五代相繼而立，社會動亂不安，而軍人總是在亂世受到更多重視。

楊家就先後歸附後漢、後周、北漢，最後歸順北宋。楊家之首楊業，曾經官拜節度使，當時俗稱節度使為令公，所以楊業又稱楊令公。楊家自楊令公之下，無論男女個個能征善戰，所以世稱「楊家將」。

其實正史對楊氏一門著墨不多，但戲曲根據正史而改編出許多精彩故事。在宋遼戰役中，楊業本人和長子、二子、三子、七子皆殉國；四子被遼所俘，成為蕭太后的女婿，因此有膾炙人口的「四郎探母」故事；五子則心有所感的遁入空門，只剩六子楊延昭存活。而楊延昭的妻子穆桂英也是一門女將。

雖然在大家長，楊業之妻佘太君的帶領下，楊家幾乎都為國捐軀，但仍誓死捍衛北宋，也因此，他們所代表的俠義精神在民間廣為流傳。

山西省朔州市東）、朔州（今山西省朔州市）、應州（今山西省北部）、雲州（今河北省赤城縣北部）等地，戰況一時有利於北宋。但在蕭太后決定御駕親征之後，契丹軍便士氣大盛，幾經纏鬥，戰況逆轉，宋軍又吃一次敗戰。蕭太后的軍事才華令人讚賞，正所謂勇哉蕭太后，巾幗豈肯讓鬚眉。

北宋雖然多次揮軍北伐，意圖收復燕雲十六州，但始終壯志未酬。至道三年（西元九九七年），北宋太宗駕崩，由趙恆繼位，史稱真宗，宋遼關係進入了嶄新的一頁。

澶淵之盟

真宗繼位之初，蕭太后認為北宋正值政權交替之際，可能引發政局動盪，而此時遼朝在蕭太后的統治之下政通人和，正是南下伐宋的大好時機。於是遼聖宗統和二十二年（宋真宗景德元年，西元一〇〇四年），蕭太后再度統率遼軍南下伐宋，或許由於遼朝動員軍隊太多，向各地徵調軍隊時，走漏了消息，使北宋有所察覺。也可能是契丹人難改掠奪習性，當遼廷動員時，一些駐守遼邊境的部隊，認為南下掠奪的機會來了，還未等攻擊令下，就先行進入深圳（今河北省東南部）、祁州等地大肆掠奪，因此北宋更加確定遼朝將會大舉南侵。

面對險峻情勢，宋眞宗召集群臣商議對策，許多大臣都懼怕戰爭，更不敢主張由宋眞宗御駕親征，甚至還有人建議遷都，只有朝臣寇準力主御駕親征，最後宋眞宗接受了寇準的意見，決定親征。

遼軍這邊，蕭太后與遼聖宗在發兵之初，並未想滅掉北宋，而是志在掠奪財物，如果可能再搶占些許土地，野心並不大。遼軍號稱二十萬大軍，經保州（鴨綠江東岸，今屬朝鮮）、定州，直取當時屬於北宋的澶州（今河南省濮陽市濮陽縣）。遼軍雖是來勢洶洶，但盤算的卻是能戰則戰，不能戰則和。這時遼朝的先鋒大將，爲蕭太后的姻親，京統軍使蘭陵王蕭撻凜，他不但驍勇善戰，更是遼朝重臣，深受蕭太后倚重。當遼軍抵達澶州北城時，蕭撻凜自恃勇猛，親自出發勘查地勢，卻被宋軍的床子弩（大型弓箭）射中額頭，當夜身亡。這使得遼軍士氣大落，而蕭太后更是悲慟不已。戰況對遼軍不利，蕭太后的議和願望更爲強烈，但這種情形北宋並未察覺。

宋眞宗自幼生長於深宮，錦衣玉食，何嘗見識過戰爭的殘酷？一旦踏上征途，才知道戰爭與想像中差別甚大，於是他暗中派遣崇儀副使曹利用到遼軍大營查探有無和談的可能。

崇儀使設於北宋太宗太平興國五年（西元九八〇年），通常無固定職掌，只是作爲武臣遷轉的調節性職位，崇儀副使不用說職階更低。宋眞宗告訴曹利用，如果能談和，要北宋每年許以遼朝相當數量的白銀和絹帛，甚至白銀百萬兩也在所不惜。但寇準私底下警告曹利用，如果超過三十萬兩，就要他帶著自己的人頭回來。就這樣，曹利用在君臣意見不一致的情況下，走向遼營準備談判。

曹利用捧著宋眞宗的手書來到遼軍大營後，被帶到蕭太后與韓德讓的大帳。蕭太后和韓德讓並排而坐，她命人在車軛上擱上木板，在上放置酒食，讓曹利用坐在車下飲食，以這種相當簡陋的方式接待「使節」。

雙方對以和平解決的原則都沒有太大出入，所爭議的都是一些細節，如每年宋朝要給遼朝多少絹、銀的問題。另外遼朝要求宋朝歸還關南舊地（今河北省境內），由於宋眞宗事前

澶淵之戰略圖

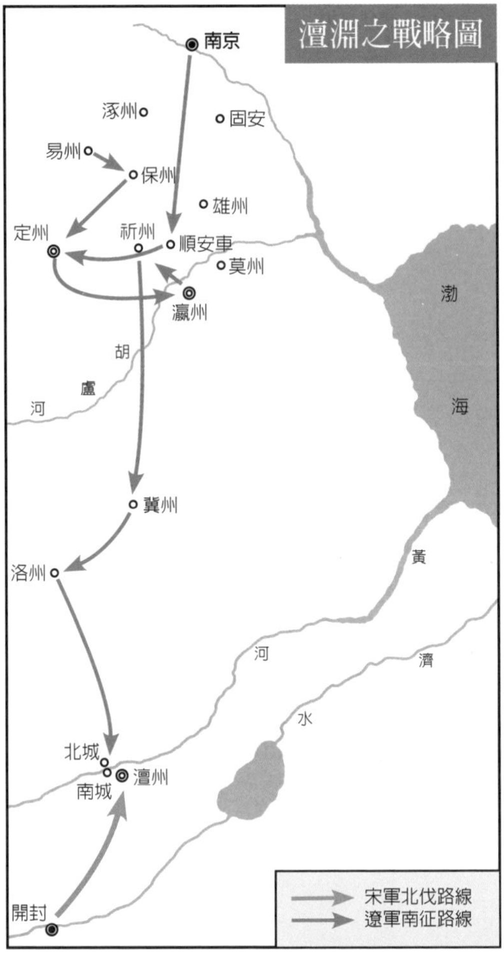

並沒有指示，曹利用當然不敢答應。於是遼朝就派左飛龍使韓杞持「國書」與曹利用一起到澶州城，面見宋眞宗作定奪。飛龍使本是掌御馬的長官，唐武則天時始設，五代後唐時改爲左飛龍使，遼沿用。

關於宋眞宗是否要接見韓杞，還一個小插曲。本來眞宗原定十二月初一接見韓杞，可是這一天恰好遇見日蝕，眞宗覺得不祥，意欲改期。可是負責解讀天文星象的司天官員卻有不同的看法，他們反而認爲日蝕正是夷狄跟華夏和解之象。宋眞宗這才放下心結，接見韓杞。

韓杞呈上國書，對於歸還關南舊地的要求，北宋君臣認爲萬萬不能應許，主張土地是國之根本，寧可多給些銀子絹帛，也不願割讓一塊土地。曹利用帶著這個原則，再次前往遼營交涉。或許是曹利用口才絕佳，說服了蕭太后和遼國君臣；也可能是遼朝大軍長期在外，不免師老兵疲，求勝既無把握，不如見好就收，拿些銀絹，早日議和，所以談判較之前更爲順利。

曹利用再次回來後，眞宗馬上召見他，問他應付遼多少歲幣，曹利用不發一語，只比個了「三」的手勢，眞宗一看嚇了一跳，連說：「三百萬太多了啊！」但不久後又喃喃自語地說：「如果三百萬可以買到和平，也好！」最後自己又不放心地再問一次曹利用，到底要付多少錢？曹利用這才說，總共是三十萬歲幣。

澶淵之盟的誓書原文

澶洲之盟宋、遼雙方都有誓書，宋真宗的誓書，許多漢文文獻都可以找到；但是遼聖宗的誓書，在一般文獻裡往往並未收錄，在葉隆禮所著的《契丹國志》中，收錄了遼聖宗澶淵盟約的誓書，原文引錄如下：

維統和二十二年歲次甲辰，十二月庚長朔十二日辛卯，大契丹皇帝謹致書於大宋皇帝闕下，共議戢兵，復論通好，兼承惠顧，特示誓書，以風土之宜，助軍旅之費，每歲以絹二十萬疋、銀一十萬兩，更不差使臣專往北朝，只令三司差人搬送至雄州交割，沿邊州軍各守疆界，兩地人户不得交侵，或有盜賊逋逃，彼州無令停匿；至於壟畝稼穡，南北勿縱騷擾，所有兩朝城池，竝可依舊存守，淘濠完葺，一切如常，即不得創築城隍，開掘河道。誓書之外，各無所求，務必協同庶存悠久，自此保安黎庶，謹守封陲，質於天地神祇，告於宗廟社稷，子孫共守，傳之無窮，有渝此盟，不克享國，昭昭天鑑當共殛之，某雖不才，敢遵此約，謹告於天地，誓之子孫，苟渝此盟，神明是殛，專具諮述不宣。

宋朝紙幣「交子」　世界上最早的紙幣。「交子」始於宋太宗淳化年間流通於四川，北宋崇甯、大觀年間，將「交子」作為兑換券使用。

因此兩國最後達成的協議是：北宋每年給遼朝白銀十萬兩，絹二十萬匹（或作疋）；以後雙方沿邊州軍各守疆界，不得交侵；兩國沿邊各城池依舊有規模修繕，不得增築城堡，不得更改原有的河道。這便是有名的「澶淵之盟」。

盟約除了宋每年送給遼銀絹外，其他各款都還算公平，就連「歲賞」銀絹的數量也比預估的要少得多，所以眞宗特別厚賞曹利用一番。

澶淵之盟後，宋遼兩國維持了幾十年的和平，但是遼朝國勢卻日漸走向衰微。

第七章 幾個皇帝皆荒謬，遼朝中衰有理由

尚武精神的喪失

澶淵之盟簽訂後，宋遼雙方都遵守盟約，和平相處了幾十年。和平促進經濟繁榮，而經濟繁榮固然能提高人民生活水準，同樣的也會使人民耽於逸樂而喪失鬥志。契丹人原是鮮卑族後裔，本爲草原游牧民族，以馬上得天下，如果一旦沒有戰爭，就失掉了游牧民族的特長，如果再耽於逸樂，這個民族很快就會被淘汰。

澶淵盟約締結之後，遼宋之間維持了三十幾年和平，遼聖宗太平十一年（西元一〇三一年），聖宗駕崩，由子耶律宗眞嗣位，史稱興宗。由於耶律宗眞的名字裡面有個「眞」字，所以這時候的遼就稱北方女眞族爲「女直」，這種避諱習慣，完全襲自漢人，可見遼朝在文化上與漢人已經相差無幾。

遼興宗重熙十一年（宋仁宗慶曆二年，一〇四二年），遼朝遣使至北宋，想討回後周時被北宋所占領的關南之地。北宋爲了避免再起戰端，就派富弼到遼廷交涉，答應每年「歲幣」增加十萬兩，連前共爲二十萬兩；絹增加十萬匹，連之前一共爲三十萬匹，以此換取兩國之間的和平，遼宋之間的和平因此又延續了三十幾年。前後六七十年的安寧，使契丹民

宋真宗封禪玉冊　上面刻寫天子向上天禱告的文書。《玉冊文》中有「八表以寧，五兵不試」的話，宋真宗「澶淵之盟」和封禪泰山之後，契丹確乎偃旗息鼓，沒有大規模的南侵，這使宋真宗大為興奮，真的以為封禪有靈，於是大規模地建造廟宇，頻繁地舉行祭祀典禮儀式。

族不但喪失了尚武精神，更染上好逸惡勞、耽於游獵的惡習，遼朝從此衰微。

澶淵之盟後，遼國既得白銀絹帛，皇室貴族生活漸趨浮華，固然是國勢衰敗原因。但遼朝的政治結構，才是造成遼朝衰微的最主要原因之一。

遼朝歷代皇帝即位後，都設有宮衛。隨著時間演進，這些宮衛人數漸漸增加，宮衛只服務於宮衛主，本身不事生產，又不納糧繳稅，於國家毫無貢獻。

不只如此，遼朝北面官僚機構龐大，這些人也是不事生產者。當國家強盛時，這種情形還可以勉強支持。可是遼朝中葉以後，已盛世不再，生之者寡，食之者眾，國家財政因而日益窘困，不得不加重人民的稅捐。人民負擔驟加，百姓為了逃稅，不是隱匿戶口，就是依附豪門巨族做部曲，如此循環往復，政府財政更加困難。人民被剝削得無以為生時，只好鋌而走險，景宗彰愍宮的宮衛使蕭韓家奴就曾向遼興宗進言：「這幾年來民生凋弊，為了求生，良民變得兇暴，謀財害命之人大有人在，甚至還有人逃到山裡做強盜，這是對國家的一

耨斤呑蛋換新顏

據《遼史》載，蕭耨斤生來皮膚黝黑，目露兇光，她母親曾夢見到有一根金柱高聳入天，幾個兒子想攀爬上去，都不成功；而這個女兒雖然最後去爬，卻成功了。

後來耨斤入宮，又有這麼一件怪事，據説她有一次為承天皇太后蕭燕燕整理床褥時，撿到一枚金色雞蛋，當下就把它吞了，沒想到從此她的皮膚就變得光滑白嫩而亮麗，承天太后見到也覺得稀奇，説她一定會生貴子。

個警訊。」只是當時遼朝國力尚屬強大，外無強敵，又無天災，這些亂象，尚不致動搖國本。

耨斤誤國

興宗十五歲即位，其母蕭耨斤自立爲太后秉政，從此倚重外戚，無功受祿者，比比皆是，遼國政事敗壞的現象更爲嚴重。

蕭耨斤是遼太祖耶律阿保機述律皇后之弟阿古只的五世孫。初入宮時，只是聖宗的一個妃子。當時聖宗的皇后是齊天皇后，小字菩薩哥，既是平州（今河北省秦皇島市一帶）節度使隗因之女，又是重臣韓德讓的外甥女。齊天皇后十二歲就被選入宮廷，據史傳所載，她貌美而多才，因此深得遼聖宗寵愛。齊天皇后曾有兩子，可惜都夭折。而就在這時，耨斤爲遼聖宗生下兩個皇子，大皇子名耶律宗眞，小皇子名耶律重元。

耨斤因生子有功，母憑子貴而被封爲順聖元妃。齊天皇后由於無子，就把耶律宗眞當作親生兒子一樣養在身邊，使得耨斤心生怨懟，時常在聖宗旁搬弄是非。只是聖宗深信皇后的人品，又極爲寵愛皇后，所以將耨斤的讒言當作耳邊風，根本不予理會，齊天皇后才幸得保全。

太平十一年（西元一〇三一年）六月，聖宗病危，藥石罔效，朝不保夕。耨斤知道只要聖宗一崩，她生的兒子必定能繼承大位，那時自己就是皇太后。耨斤想讓幼子重元繼位，因爲長子自幼被齊天皇后養育，心向齊天皇后，可是聖宗的遺詔卻是命耶律宗眞繼位爲興宗，封齊天皇后爲皇太后。耨斤於是藏匿遺詔，以新帝生母的身分登上皇太后寶座，稱法天太后。

一旦掌權，法天太后便展開對齊天太后的報復，她首先指使人員誣告北府宰相蕭泥卜與國舅謀反，經過「調查」後，齊天太后牽涉在內，法天太后便命人將齊天太后下獄，興宗與養母齊天太后母子情深，便向生母求情，然而法天太后心胸狹窄，早就對齊天太后懷恨在心，更何況留下齊天太后會後患無窮，所以不理會興宗的請求。

法天太后接著又把齊天太后囚禁在上京，不久，乾脆派人送去毒藥，只見齊天太后從容不迫地說：「我是無辜的，天下共知，且待我整理儀容後再死吧！」於是她沐浴更衣，然後就喝下毒藥慨然赴死。

遼興宗雖然繼承了皇位，但在強勢的生母法天太后操控之下形同傀儡。法天太后把持朝政，恣意妄爲，而且一再縱容外戚胡作非爲。

在法天太后眼中，興宗不過是一個傀儡而已。一次興宗把一條銀帶賞給了樂工孟五哥，法天太后的寵臣高慶郎得知後，就向法天太后告密，法天太后將孟五哥抓來狠狠打了一頓。興宗知道後，氣得派人暗中殺了高慶郎，法天太后調查這事，得知是由興宗指使，大發雷霆，興宗也被激怒：「我貴爲天子，難道也要跟犯人一樣

遼代・綠釉雙繫罐　雙繫罐斂口，折腹，束腰，平底，腹兩側各有一橫繫，故有此名。肩飾水波紋及弦紋，小口，大腹能增加容量，是西周以來即流行的造型特徵。此時釉已成為瓷器的必要組成部分，不僅有隔水、利於清潔的作用，更有裝飾器物使之美觀的作用。

寫供詞嗎？」

興宗的反應徹底激怒法天太后，於是她開始和外戚商量要廢興宗，改立次子耶律重元，但是重元跟興宗兄弟情深，偷偷告訴興宗法天太后的計謀，這下興宗既恐懼又憤怒。

法天太后獨攬朝政幾十年，早已引起皇族的不滿，外戚與皇族形成勢不兩立的兩個集團。現在這兩族更是形同水火，興宗與永興宮的宮分人耶律喜孫等人商量，應抓住這皇族反撲的良機，於是在興宗重熙二年（西元一〇三三年），率兵包圍法天太后的寢宮，把法天太后押到慶州（今甘肅省慶陽地區慶陽縣）軟禁起來。

耶律氏無能昏庸

奪回政權後，照理說興宗應該革除弊政，但他卻昏庸無道，不把心思放在治理國事上，與弟弟耶律重元賭博時，竟然一時興起，拿城邑人民作賭注。

興宗是因爲耶律重元告密才保得皇位，所以他對耶律重元心存感激，封之爲「皇弟」，對耶律重元極爲信任且恩寵有加，一次飲宴，微醺之下便對皇太弟耶律重元許諾，一旦自己「千秋萬歲」之後，就把皇位傳給他。酒後之言本作不足信，但在重元內心深處已播下覬覦的種子，重元也更加膽大妄爲、驕縱不法，只是興宗對此都多所容忍。

重熙二十四年（西元一〇五五年），興宗駕崩，傳位於子耶律洪基，史稱遼道宗。道宗繼位後，立刻改封耶律重元爲「皇太叔」，以示尊崇。可是耶律重元始終對興宗酒後之諾念念不忘，他的兒子涅魯古時任知南樞密使事，對耶律重元願望了然於心，就在道宗清寧七年（西元一〇六一年），勸耶律重元造反。涅魯古並獻計耶律重元詐稱染患重病，這樣道宗必定會前來「視疾」，到時候就趁機殺了他，可是耶律重元認爲時機尚未成熟，因此並未依計而行。

又過了兩年，道宗預備到太子山打獵，耶律重元父子認爲時機已到，於是著手布署。他們的計畫被敦睦宮使耶律良發現，遼朝幾經周折才終於敉平了重元父子之亂，但朝政也由此更走向衰敗。

原來道宗的昏庸程度比他父親興宗更勝一籌，竟然是由擲骰子來決定官員擢升。

在敉平耶律重元父子之亂時，知北院樞密院事耶律乙辛與南院樞密使耶律仁先貢獻良多。耶律乙辛野心勃勃，覬覦更高權位。可是當時太子耶律濬已經十八歲，更兼領北南樞密院事，擋住耶律乙辛高升之路。狠毒的耶律乙辛遂設計陷害太子及生母宣懿皇后蕭觀音。

而道宗居然也聽信了耶律乙辛的讒言，命蕭觀音自盡，且將耶律濬囚禁於上京。耶律乙辛為斬草除根，又派人到上京殺害太子，並向道宗謊稱太子病亡。道宗心中感傷，準備接回太子妃稍作彌補。耶律乙辛怕陰謀敗露，又殺死太子妃。道宗仍未對耶律乙辛的野心有所察覺，真是昏庸至極。

道宗渾然不覺，耶律乙辛也就愈來愈大膽，他結黨營私，肆無忌憚，竟妄想陷害皇孫。道宗大康五年（西元一〇七九年），遼道宗準備外出狩獵，耶律乙辛奏請皇孫留守，以便尋找適當時機殺掉皇孫，不明就裡的道宗准其奏。但朝中忠勇之士，同知檢點官蕭兀納認為耶律乙辛留下皇孫必有其用意，於是向道宗上奏，由他留守以便保護皇孫。道宗這才有所領悟，從此對耶律乙辛開始警覺。

綜觀道宗乏善可陳的一生，吏治不修，盜賊群起。除上文所提耶律重元、耶律乙辛之亂外，咸雍三年（西元一〇六七年），新城（今陝西省西安市內）縣人楊從謀反，立朝廷、設百官。官員把此事上奏朝廷時，道宗竟

遼王朝的狄仁傑

蕭兀納，一名撻不也，字特免；六院部人。由於保護皇孫一事，道宗認為他忠勤幹練，便任命他為同知南院樞密使事，同時流放耶律乙辛。不久道宗又封蕭兀納為蘭陵郡王，把他比作唐朝賢臣狄仁傑，要他輔佐燕王耶律延禧，也就是後來的天祚帝。

澶淵之盟後北宋世系表

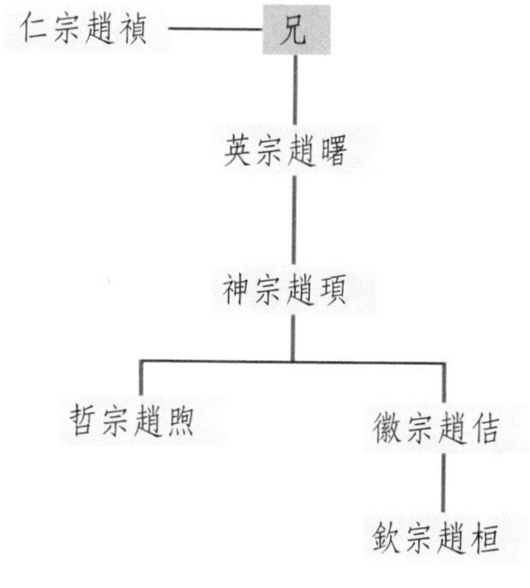

遼代・大明塔　建於1092年，內蒙古寧城縣遼中京遺址。

然輕描淡寫地說：「小人無知，此兒戲爾。」（《遼史・道宗本紀》），就連造反大事，道宗都如此忽視。

道宗還醉心於佛教，一年供養僧飯多達三十六萬，這是國家財政的巨大負擔。同樣是鮮卑族所建立的北魏之所以滅亡，其中一個重要原因就是過分佞佛。而遼朝卻並未引以爲鑑。

道宗在位四十五年，於壽昌七年（西元一一〇一年）壽終正寢。經他四十五年的無能統治，遼朝國勢愈加衰微！

遼朝四方之局勢

遼朝的興宗、道宗兩朝皇帝都如此平庸無能，但七十年之間（西元一〇三一至一一〇一年），遼朝卻也都沒有遭逢外敵。

原來，在同一時期，南面的北宋自澶淵之盟之後，早已將收復燕雲十六州的豪情壯志拋到九霄雲外了。加之宋太祖鑑於唐末以及五代地方藩鎮割據進而自立，所以建國之後，嚴禁將帥帶兵，結果造成將不知兵、兵不知將，在這種特殊的制度下，軍隊毫無戰鬥力可言。

這七十年之間，北宋歷經五帝，雖然仁宗、神宗都不失爲愛民、認眞的好皇帝，也都有心要改革，但北宋內部積弊嚴重，文人、武將不和，文人內部又新舊黨爭不斷，常杯葛對方的內政，如此一來，自然無力對抗北方外敵。

再看遼朝北方，當時從今日的呼倫貝爾草原到蒙古國，都還部落林立，彼此處於混戰狀況，各部落既不能統一，更談不上向外擴張，遼朝當然可以高枕無憂。至於東邊的女眞則還處在蒙昧階段，一些部落因接受了

萬部華嚴經塔　萬部華嚴經塔又稱白塔，位於今日中國內蒙古自治區呼和浩特市東郊白塔村西南方，是遼代豐州故城西北角，約建於遼聖宗時，歷代都曾維修。

契丹文化，被稱之爲「熟女眞」；另一部分則被稱爲「生女眞」，不論生熟，此時的女眞根本無法威脅到遼朝。因此遼在南、北、東三面都沒有任何威脅。

至於西面則有党項族所建的西夏。關於党項族起源，向來說法不一，一般而言，党項族與羌族的關係較密切。他們原本聚居在今青海省東南部黃河河曲一帶，西元六世紀時，逐漸擴展，東至松州（今四川省松潘北），西抵葉護（今新疆維吾爾自治州，古西突厥領地），南臨舂桑（今西康省藏族自治區內）、迷桑諸羌（今青海果洛藏族自治州），北部則與吐谷渾相接。

党項族是由許多家族凝聚形成的部落，大的部落可以動員五千多騎，小的可以凝聚一千多騎，各自分立而不相容。眾多族姓中，以拓跋氏最強，所以有人認爲党項族首領也是來自於鮮卑一族。

隋文帝開皇五年（西元五八五年），党項族大首領拓跋寧叢被隋朝封爲大將軍。唐太宗貞觀三年（西元六二九年），党項首領細封步賴率部歸降唐朝，唐朝就將党項聚居地改設爲軌州（今四川省松潘西境），任細封步賴爲軌州刺吏。許多党項部落也都聞風歸附大唐。

貞觀八年（西元六三四年），唐大將李靖率大軍討伐吐谷渾時，党項部落聯盟首領拓跋赤辭率部落協助吐谷渾抵抗唐軍，結果兵敗請降。唐朝就把党項族各部落聚居的地方設立懿、嵯、麟、可等三十二個羈縻州。所謂「羈縻州」是唐對邊疆少數民族歸附時，就在其聚居處設立一種特殊的地方行政組織。對於從西域（包括今中亞）來歸附的各民族，則劃一塊地給他們居住，設立爲「胡州」。拓跋赤辭被任命爲西戎州都督，賜姓李，受松州都督府節制，這就是西夏政權的雛形。

之後，來自今日西藏的吐蕃王朝日漸壯大，北上開疆拓土，滅掉吐谷渾，這樣就跟散居在今甘肅南部、青海境內的党項族接觸。党項族不堪吐蕃的威脅和壓榨，請求內遷，唐朝就把原設在隴西地區（甘肅省東南部）的靜邊州都督府移到慶州，同時把所轄二十五個党項州，也一起內遷。

唐玄宗年間（西元八世紀中葉），吐蕃崛起奪取河西、隴右之地，與遷（今寧夏回族自治區銀南地區靈武縣）、鹽（今寧夏回族自治區銀南地區鹽池縣北境）、慶等州的党項部落勾結，騷擾大唐王朝邊境。唐朝爲保護邊疆，便設法拆散吐蕃跟党項的聯繫，把党項部落遷到銀州（今陝西省榆林地區米脂縣）以北、綏州（陝西省榆林地區靖邊縣）以東地區。

遼代．陳國公主黃金面具　陳國公主是遼景宗的孫女、耶律隆慶親王之女，墓中出土的純金面具，對應她身分之尊貴。這件面具眉、眼局部捶鑿，製作精細，將面龐豐圓、上額舒展的年輕女性柔潤的特點表現無遺。

此外，綏州、延州（今陝西省延安市）一帶也陸續遷來許多党項部落。居住在慶州一帶的党項部落，被稱爲東山部。夏州（今陝西靖邊縣北白城子）一帶的被稱爲平夏部，由於平夏地區南界橫山，唐朝人稱之爲南山；所以平夏部党項族又被稱爲南山部。

這些內遷的党項部落，仍然以游牧爲生。由於土地肥沃，牧草豐盛，党項部落累積了財富，人口也迅速增加，他們以牲口和內地漢人交換鎧甲弓箭，這樣就有能力反抗唐朝邊區官吏的勒索壓榨。他們能掠奪唐朝邊區，北方草原游牧民族通過掠奪這一種「生產」方式，力量更是逐漸強大。

拓跋赤辭任党項首領時曾降唐，時爲唐太宗朝，同一時間，他的姪子拓跋思頭也降唐。待唐中宗時（西元六八四年；七〇五至七一〇年），拓跋思頭受封爲靜邊州都督，改名爲拓跋思太。拓跋赤辭之子拓跋守寂，於玄宗時被封爲西平公。拓跋赤辭又因出兵助唐平定安史之亂有功，被升爲容州刺史，領天柱軍使，之後又加封審州都督。拓跋赤辭之孫拓跋乾暉曾任銀州刺史，乾暉的孫子拓跋思恭，曾經參與平定唐末的黃巢之亂，升任夏州定難軍節度使，統領夏、綏、銀、宥（今陝西省榆林地區靖邊縣東）四州地，拓跋思恭再賜姓李，進爵夏國公，奠定建立西夏政權的基礎。

唐昭宗乾寧二年（西元八九五年）李思恭死，其弟李思諫嗣立；李思諫死，李思恭孫李彝昌繼位。到了後梁太祖開平四年（西元九一〇年），李彝昌被部將高宗益所殺，其族父李仁福爲定難軍節度使，向後梁稱臣，之後又附於後唐。

當西夏逐漸強大時，契丹族已經開始建立遼，勢力銳不可當，西夏當然不會與之對抗。況且西夏東南與北宋互鄰，這兩個新建立的國家盤踞在党項的東北和東南，西夏絕對沒有能力兩面作戰。

因此遼朝並不需要大動干戈討伐西夏，只憑遼朝的威望，就讓西夏「臣服」於遼。

所以這七十年間，由於南方的北宋既無鬥志也無戰力，奈何不了遼朝；西南方的西夏，雖貪圖土地，但懾於遼的餘威，不敢對遼有二心，這兩個政權都撼動不了遼，更別說弱勢的女眞以及紛亂的蒙古了。所以遼雖然已政治腐朽，但外無強敵，憑前人的餘威，仍能苟延殘喘。

海東青

歷代遼帝都好狩獵，但茫茫草原要尋覓獵物，談何容易。游牧民族經過幾千年摸索，訓練出一種鷹，用鷹在空中搜索獵物，一旦發現獵物，牠就會在上空盤旋，這時狩獵者就可以圍獵了，只是遼朝境內並沒有這種鷹，只有生女眞境內極東臨大海處有，故名爲「海東青」。

遼朝皇帝喜歡狩獵，所謂上有好者，下必甚焉，何況遼朝絕大部分都是契丹人，因此打獵就成爲契丹貴族最大的嗜好。打獵的人口增加後，對海東青的需求量也隨之增加。而生女眞並未臣服於遼朝，遼朝於是命熟女眞前去捕捉海東青，這就引起了生、熟女眞之間的戰爭。

而遼要求熟女眞人以生命換取海東青，供遼朝皇室貴族狩獵之用。這在熟女眞心裡引發極大憤慨。遼朝每年派往熟女眞索取海東青的官員「障鷹使」，更是狐假虎威，任意欺凌熟女眞部落，這在契丹與女眞之間埋下了仇恨種子。一旦時機成熟，兩族之間的戰爭必將爆發。

遼的貴族男子嗜好狩獵，貴族女子卻早已脫離游牧的簡樸習性，她們穿金戴銀、婀娜多姿，不輸於漢族女子；她們的服飾也競相奢靡，尤喜佩戴一種顆粒很大的珍珠，這種珍珠叫作「東珠」。東珠也產於生女眞境內，仍然是熟女眞以生命與生女眞相搏取得，這使女眞族對遼朝憤恨加深，女眞族的反抗即將爆發。

契丹人狩獵圖　這幅遼時的繪畫作品，雖然繪者不詳，但畫中所表現出來的氛圍，說明契丹人重視狩獵的傳統。

第八章 才貌雙全蕭觀音，竟遭誣陷命歸陰

蕭觀音

遼道宗耶律洪基的皇后蕭觀音，是蕭耨斤弟弟樞密使蕭惠的女兒。據《遼史》所載，蕭觀音「姿容冠絕，工詩，善談論，自制歌詞，尤善琵琶」。

當耶律洪基還是燕綽王時，就娶蕭觀音為妃，蕭觀音貌美又多才，深得道宗寵幸，史傳稱「有專房寵」，待道宗登基後，就立蕭觀音為后。一次遼道宗以〈君臣同心，華夷同風〉為題，向皇太后獻詩，才思敏捷的蕭觀音也立即獻上一首：

虞廷開盛軌，王會合奇琛。
到處承天意，皆同捧日心。
文章同蠡合，聲教薄雞林。
大寓看交泰，應知無古今。

雞林，是指古新羅國，位於今日的朝鮮半島。唐高宗龍朔二年（西元六六三年）時，將新羅設為雞林州。唐代大詩人劉禹錫在其《劉夢得詩集》中有一首〈送源中丞充新羅王冊立史〉，就曾提到「雞林」：

相門才子稱華簪，持節東行奉德音。
官帶霜成辭鳳闕，口傳天語到雞林。
煙開鰲背千尋碧，日浴鯨波萬頃金。

想見扶桑受恩處，一時西拜盡傾心。

蕭觀音能用到「雞林」這個相當冷僻的「典故」，足以證明她對漢文化的了解，也說明系出名門的她熟讀經史、才識淵博。

不僅如此，蕭觀音的才情已經超越了閨閣範疇。一次，道宗到秋山（今內蒙古自治區境內）狩獵，蕭觀音與眾嬪妃也隨行。到伏虎林（今內蒙古自治區境內）時，道宗要后妃即景賦詩，只見嬪妃們個個面有難色，唯有蕭觀音毫不猶豫的吟出一首七言絕句：

刻花玻璃瓶　此瓶飾出土於遼陳國公主墓，據考證是遼聖宗開泰七年（西元一〇一八年）的作品。

威風萬里壓南部，東去能翻鴨綠江。
靈怪大千俱破膽，那叫猛虎不投降。

這首詩格律工整，對仗合適，在字詞之間，不落痕跡地彰顯了皇帝的「豐功偉業」。道宗讀後當然大為讚賞，立刻交給隨行的大臣傳閱，並說：「皇后可以算是女中才子了。」

然而樹大招風，蕭觀音出眾的才貌已經不知不覺在後宮嬪妃間樹下了一些敵人。

遼道宗平庸無能，除喜好打獵外，對國事幾乎不聞不問，遇到朝中有重要職位出缺時，竟然是以擲骰子的方式來決定所用何人。《遼史》記載：「帝（即道宗）晚年倦勤，用人不能自擇，令各擲骰子，以採勝者官

徐惠諫太宗

據舊《唐書》所載，徐惠是唐太宗的才人，極其慧黠，太宗因其才名招她入宮中，封為才人。

徐惠入宮後，深得唐太宗的喜愛。當太宗想整修宮殿，徐惠認為原來的宮殿已經夠寬敞華麗了，實在不宜大肆翻修或擴建，以免勞民傷財。於是上疏直諫，太宗睿知英明，認為徐才人所諫有理，也就停止了整修宮殿的計劃，並且對徐才人嘉勉了一番，並在徐才人過世後，追謚她為「賢妃」。

之。（耶律）儼嘗得勝採，上曰：『上相之徵也！』遷知樞密院。」連任用相當於宰相的樞密院，道宗都用如此兒戲的方式，遼的覆亡已是指日可待了。遼朝皇室貴族皆喜愛狩獵，道宗尤愛此道，他喜歡脫隊獨自一人進入深山邃谷，追尋獵物，身爲一國之君，身繫國家安危，實在不適宜輕身涉險。

蕭觀音熟讀經史，舊《唐書》所載徐惠進諫太宗的典故令她深受感動。於是她效法徐惠，寫了一篇文情並茂的《諫獵疏》給遼道宗。認爲皇帝孤身涉險，無論對個人或國家的安危都有莫大的影響，勸諫道宗以社稷江山爲重。

但黠慧過人的蕭觀音，卻忽略了一件重要的事實，那就是她的皇帝丈夫不是賢能的唐太宗。果不其然，道宗讀了《諫獵疏》之後，只是更認爲蕭觀音多管閒事，掃了他的遊興。從此厭惡、疏遠蕭觀音。

爲了挽回道宗的寵愛，蕭觀音寫下《回心院》十首，並且譜上曲，傳到皇帝耳目中，使道宗能回心轉意。這十首詞以掃殿、拂床、換枕、舖被、裝帳、疊茵、展席、剔燈、薰香、張箏等日常起居生活爲內容，辭優意美，表達深閨婦女衷心期盼心上人回心轉意的心情。

蕭觀音從日常生活的細節，追憶往昔深受道宗恩寵時，兩人的親膩甜蜜，對比出如今孤身一人，更是哀怨淒涼，但儘管如此淒豔、哀怨、殷切，蕭觀音最終也沒有喚回遼道宗的愛意。

無法挽回丈夫的垂憐，蕭觀音失望之餘，寄情於絲竹樂音之中。爲把《回心院》譜成樂曲，蕭觀音找到精

《回心院》摘錄

掃深殿，閉久金鋪暗。游絲絡網塵作堆，積歲青苔厚階面。
掃深殿，待君宴。

拂象床，憑夢借高唐。敲壞半邊知妾臥，恰當天處少輝光。
拂象床，待君王。

換香枕，一半無雲錦。為是秋來轉展多，更有雙雙淚痕滲。
換香枕，待君寢。

鋪翠被，羞殺鴛鴦對。猶憶當時叫合歡，而今獨覆相思愧。
鋪翠被，待君睡。

展瑤席，花笑三寒碧。笑妾新鋪玉一床，從來婦歡不終夕。
展瑤席，待君息。

剔銀燈，須知一樣明。偏是君來生彩暈，對妾故作青熒熒。
剔銀燈，待君行。

爇薰爐，能將孤悶蘇。若道妾身多穢賤，自沾御香香徹膚。
爇薰爐，待君娛。

張鳴箏，恰恰語嬌鶯。一從彈作房中曲，常和窗前風雨聲。
張鳴箏，待君聽。

裝繡帳，金鉤未敢上。解卻四角夜光珠，不敢照見愁模樣。
裝繡帳，待君貺。

疊錦茵，重重空自陳。只願身當白玉體，不願伊當薄命人。
疊錦茵，待君臨。

於音律、善於操琴，又有文學素養的伶官趙惟一，希望他能夠掌握詞的內在涵意，將《回心院》譜成琵琶曲。

《回心院》譜好樂譜之後，原本該由趙惟一彈奏。可是一個叫單登的宮婢也想要演奏，蕭觀音於是以比賽方式決定演奏者。趙惟一輕重緩急處理得恰到好處，感情拿捏準確，拔得頭籌，單登卻心懷不服，心生怨怒。此事被朝中大臣耶律乙辛得知，便藉題發揮，掀起一場翻天覆地的風暴。

皇族與后族之爭

遼朝自建國以來，皇親國戚對權位的爭奪就從來沒有停止過。自耶律阿保機之後，皇族耶律氏與后族蕭氏，始終處於緊張狀態。蕭觀音的父親蕭惠，極具聲望與權力，而蕭觀音的兒子耶律浚（或作濬）身爲太子，已經年歲漸長，在遼道宗大康元年（西元一〇七五年）開始參預朝政。蕭惠於情於理都會，也應該全力協助耶律浚，可是這麼一來，對皇族跟后族的緊張關係如同火上加油，一觸即發。皇族深知蕭惠的權力基礎來自皇后蕭觀音，如果扳倒蕭觀音，就等於除掉蕭惠，因此皇族早已處心積慮暗中窺視蕭觀音的一舉一動。

耶律乙辛字胡覩（音義皆同「睹」）袞，是契丹族五院部人，父親耶律迭剌由於貧窮，所以被人稱爲「窮迭剌」。

他自幼慧黠。據說小時候有一天去放羊，直到太陽西斜，他疲倦的睡著了，父親來找他，把他叫醒，耶律乙辛勃然大怒說：「怎麼吵醒我了，我剛夢到有人拿著太陽和月亮給我吃，我已經把月亮吃下去了，而太陽才吃一半，就被你吵醒了，沒把太陽給吃完。」再加上他剛出生時，母親找的算命師說他有貴相，因此從這之後，他父親就不再讓他放羊了。

耶律乙辛風度翩翩、儀態俊秀。遼興宗重熙年間時，任耶律乙辛爲文班史，因而有機會進入宮中，當時的皇后蕭撻里覺得他溫文儒雅，就任爲筆硯史，興宗也覺得他人品不錯，再升他爲護衛太保。

道宗時，更賜他漢人四十戶，任命爲同知點檢司事，經常和他討論難以解決的朝政，後來還升他爲北院同知。道宗清寧五年（西元一〇五九年），耶律乙辛當上南院樞密使，相當於中國官職中的吏部尚書，掌管所

琵琶來歷

許多人以為琵琶是漢人「古已有之」的樂器。如果仔細推敲，恐怕就要加以斟酌了。東漢人劉熙在他所著的《釋名・釋樂器》裡明確指出：「批把本出於胡中，馬上所鼓也。推手前曰批，引手卻曰把，象其鼓時，因以為名也。」

這裡的「批把」就是琵琶的另一種寫法，顯然是胡語的音譯。

另外，北宋《太平御覽・卷五六七・樂部・樂志》也有記載：「龜茲（音為「丘慈」）樂者，起自呂光滅龜茲國，得其樂，樂器有……琵琶……」

如果按《太平御覽》所述，琵琶引進中原，至少是諸胡列國後期。呂光滅龜茲國後，才將琵琶帶到中原，時為北魏道武帝登國元年（西元三八六年）。

但琵琶也有可能是東漢後期從西域傳入中國。據唐杜佑所撰的《通典》記載，東漢靈帝很喜好西域胡物，其中就包括了胡樂，指明有箜篌自西域（含今天的中亞）傳入中土，琵琶也有可能在當時一起傳入。

遼代・萬部華嚴經塔塔磚

遼代．白瓷觀音　臉型已從晚唐的肥豐，逐漸向清俊娟秀、慈祥的神態中蘊含莊嚴，袒胸掛飾玲瓏簡麗、天衣優雅端莊，予人輕盈瀟洒的感受。山西渾源古磁窯出土。

有契丹人民。不久，耶律乙辛又升爲同知北院，冊封爲趙王。

然而耶律乙辛的野心不只於此，他極盡阿諛奉承之能事，道宗又改封他爲魏王，賜以「匡時詡聖竭忠平亂功臣」名號。道宗咸雍五年（西元一○六九年），道宗封他爲太師銜，詔「四方有軍旅，許以便宜從事」，等於給了他可以任意調動軍隊的權力。從此耶律乙辛營私結黨，鑽營他門下的人絡驛不絕，然而他還不滿足，居然想謀取皇權。

當蕭觀音上疏進諫道宗時，耶律乙辛便趁機在道宗面前讒言，使道宗怒從心中起，從此冷落蕭觀音。宮婢單登在競爭失敗後，遷怒於皇后蕭觀音，於是誣陷皇后與趙惟一私通。耶律乙辛也認爲這眞是一個大好機會，於是精心布署，先找人寫了含意香豔的《十香詞》，交給單登，由單登向蕭觀音求墨寶，請求她照抄一遍，蕭觀音宅心仁厚就答應了。天眞的蕭觀音哪裡會想到，眼前是一個天大的陷阱。蕭觀音謄寫完《十香詞》後一時興起，在紙尾作了一首《懷古詩》：

宮中只數趙家妝，敗雨殘雲誤漢王。
惟有知情一片月，曾窺飛燕入昭陽。

這原本只是一首詠歎趙飛燕的詩，並無其他涵意，然而耶律乙辛在看了她的《懷古詩》後，更是喜出望外，認定必可置蕭觀音於死地。耶律乙辛指使單登跟他的妹婿朱頂鶴，分別向皇帝道宗誣告皇后空閨難守，私通伶官趙惟一；除此之外，又聯合同黨參知政事張孝杰一同發難。道宗看過《十香詞》和《懷古詩》後，認爲蕭觀音思春容或有之，私通則未必，而《懷古詩》不過是諷古詩而已，所以並沒有很生氣。但張孝杰立刻加油添醋地說這首《懷古詩》正是皇后思念趙惟一的鐵證，因爲詩中「宮中只數趙家妝，惟有知情一片月」這兩句，不就包含了「趙惟一」三個字嗎？蕭觀音百口莫辯，更何況她根本見不到皇帝，更是有口難言，有冤難伸了。

於是大康元年（西元一〇七五年），道宗賜蕭觀音自盡。

臨死之前，蕭觀音寫下仿離騷體的《絕命詞》。雖然只有短短的二十四句，但全文基調悽涼、無奈，抒發蕭觀音的無盡冤屈。這樣一位曠世的才女，竟然成爲耶律乙辛和蕭惠權力鬥爭下的犧牲品，著實令人惋惜。

《絕命詞》

嗟薄祜兮多事，羌作儷兮皇家。
靈昊穹兮下覆，近日月兮分華。
托後鈞兮凝位，忽前星兮啓耀。
雖釁累兮黃床，庶無罪兮宗廟。
欲貫魚兮上進，乘陽德兮飛天。
豈禍生兮無朕，蒙穢惡兮宮闈。
將剖心兮自陳，冀回照兮白日。
寧庶女兮多慚，遇飛霜兮一擊。
顧子女兮哀頓，對左右兮摧傷。
其西曜兮將墜，忽吾去兮椒房。
呼天地兮慘悴，恨今古兮安極。
知吾生兮心死，又焉愛兮旦夕。

蕭觀音過世後，耶律乙辛的野心更是急遽膨脹，他私藏兵甲，意圖造反。事發後，耶律乙辛又想投奔北宋，最終被朝廷處以絞刑。不久，道宗駕崩（西元一一〇一年），由於太子耶律浚這時也已過世了，所以由皇太孫耶律延禧嗣位，史稱爲天祚帝。

此時有位名叫王鼎的進士覺得蕭觀音一案是冤屈的，於是寫了《焚椒錄》一書，細說耶律乙辛謀害蕭觀音的始末，並且又作了《懿德皇后論》，詳細剖析案件的來龍去脈。天祚帝聞後，便下令挖開耶律乙辛的墳墓，剁碎他的骨骸，爲祖母蕭觀音昭雪，追謚爲宣懿皇后，並將蕭觀音與道宗合葬於慶陵，只是這時距蕭觀音含冤自盡已經二十多年了。

第九章 喜樂無度遼末帝，耶律延禧終成囚

女真族簡史

天祚帝耶律延禧是遼朝末帝，字延寧，小字阿黑。他繼位後立即把被耶律乙辛所誣陷丟官的官員，全數官復原職；被耶律乙辛流放的，也立刻讓他們回鄉。耶律延禧繼位後改元乾統，此時正好是北宋徽宗建中靖國元年（西元一一〇一年）。

天祚帝繼位後三個月，就將曾誣陷蕭觀音的張孝杰之家屬降爲奴僕，分贈群臣，同時召來佛教高僧法師在宮廷內大做法事。天祚帝雖無治國的能力，但倒頗擅長游樂打獵的，所以他即位後，增加不少對海東青的需求。而數代以來，遼朝皇室貴族一再跟熟女真索取海東青跟東珠，早已引起女真族的憤恨。

女真族的歷史源遠流長，大致說來，在中國境內大興安嶺地區，偏西、偏北部有一支民族，匈奴興盛前，史料稱這支民族爲東胡，匈奴冒頓單于擊破東胡後，東胡分裂爲鮮卑和烏桓兩大支民族。諸胡列國時期，鮮卑慕容部建立諸燕王朝；拓跋部建立代與（北）魏，乞伏氏建西秦、禿髮部建南涼；而沒有進入中原，仍然留在大興安嶺地區的鮮卑人，就是後來的室韋與契丹。另一分支聚居在大興安嶺偏東、偏南地區的，在戰國時

代稱之爲肅愼，遼時稱之爲「慮眞」，即女眞。除此之外，女眞還有許多不同的稱謂，如靺鞨、朱理貞、主兒扯、諸申等，後爲避遼興宗耶律宗眞的名諱，一度又改稱爲女直。

女眞民族分布地區相當廣闊，約略而言，可以分爲以下諸部：

女眞分爲數部，但皆隸屬於遼朝，因有相當程序契丹化或漢化，稱之「熟女眞」。與之相反的則是「生女眞」，大多分布在松花江北岸、黑龍江中下游，部落酋長姓完顏，始祖函普。生女眞就是在函普的領導之下才逐漸強大，之後甚至併呑長白山女眞諸部，但仍受遼朝的控制。

契丹族建立遼朝後，統轄熟女眞各部。熟女眞備受歧視，生女眞雖然不轄屬於遼，但是由於遼帝國聲威強大，不

女眞分布表

名稱	分布地	備注
曷蘇館女真	今遼寧省遼陽、鞍山地區。	據《金史・胡十門傳》，這部女真又可以分為七小部。
南女真	今遼寧省丹東市岫岩滿族自治縣一帶地方。	
北女真	今遼寧省開原市一帶。	
乙典女真	又作「阿典」，活動地區大約在今遼寧省開原市一帶。	與北女真毗鄰而居。
奧衍女真	據《遼史》載，遼朝命這部女真鎮守鎮州。	其他大約在今蒙古國首都烏蘭巴托的西北。
鴨綠江女真	今鴨綠江流域。	
黃龍府女真	今吉林省長春市農安縣一帶。	遼朝設置「黃龍府女真部大王府」以治理。
順化國女真	今吉林省通化市柳河縣及輝南縣稍南的海龍鎮一帶。	
長白山女真	散布在今長白山區，所以稱之為長白山女真。	從既有文獻看，這部女真應該是最早和中原漢人王朝有來往的女真族人。

得不對遼朝進貢。自完顏函普之後，生女眞歷經烏魯、跋海、綏可（後進謚爲獻祖）、石魯（昭祖），而至烏古迺開始強大。烏古迺選擇與遼合作，因此頗得遼朝好感，遼就以烏古迺爲生女眞部節度使，從此生女眞開始有了綱紀。遼朝人稱節度使爲太師，金朝人稱都太師也從這時開始。

烏古迺過世後，先後由他的幾個兒子和哩布（後進謚爲景祖），頗拉淑（或作頗剌束、蒲拉舒、後追謚爲肅宗）、英格（或作盈哥，後追謚爲穆宗）繼任。在這段期間，生女眞部和遼朝始終保持臣服合作關係。頗拉淑時曾擒獲遼朝叛徒瑪察且獻馘（左耳）於遼，大獲遼朝賞識，封頗拉淑爲詳袞。據《遼史．國語解》，詳袞的意思是「諸官府監治長官」，不過這裡的詳袞，指的是將軍。

英格在位時，遼人蕭哈里者叛遼，逃入女眞阿克占部，並派族人額特埒來與英格結盟。英格深知此時還沒有力量與遼朝正面衝突，就把額特埒抓起來送回遼朝。英格過世後，由他哥哥的兒子烏雅淑嗣立（後被追謚爲康宗），生女眞力量又強大了不少，並跟位於今日朝鮮半島的高麗時有往來。烏雅淑在位十一年後卒，由弟弟阿骨打繼位，女眞人從此開始站上了歷史舞臺。

阿骨打反遼

遼朝有一個習俗，每年春天河水化冰解凍時，由皇帝在松花江釣魚。並規定凡在千里內的生女眞各部酋長前來與會，等釣到魚時，會舉行「魚頭宴」犒賞各部酋長。在飲宴時，各部酋長都要唱歌跳舞以爲慶賀。

遼朝歷代皇帝皆行「魚頭宴」，天慶二年（西元一一一二年），遼天祚帝一如往例到松花江舉行魚頭宴，女眞各部酋長也援例前來，完顏阿骨打自然也不例外。酒足飯飽時，各部酋長照例唱歌跳舞，輪到阿骨打時，天祚帝連叫三次要阿骨打唱歌，阿骨打都端坐如故。天祚帝對樞密案使蕭奉先說：「我看阿骨打英氣不凡，氣勢超乎常人，應該找個藉口把他殺了，留下這人將會後患無窮。」蕭奉先卻說：「阿骨打眞心誠意臣服本朝，如果殺了他，恐怕各部生

《二馬圖》　卷，絹本，設色，縱二五．二公分，橫八十一公分，金代畫家楊微繪，中國遼寧博物館藏。畫中描繪女真族牧民騎著馬套馬的場景。

女眞會有不服。縱使阿骨打有異志，蕞爾小國，何足爲懼？」阿骨打因此僥倖逃過一劫。

完顏阿骨打有幾個弟弟會學鹿的叫聲。天祚帝到秋山打獵時，也帶這幾人同行，便於引鹿出來，供自己射獵。天祚帝高興不已，幫這幾個人都加官進爵，後來更讓他們到圍場當差，這樣就很容易刺探到遼朝的虛實。而阿骨打自魚頭宴脫身後，察覺遼帝對自己起了疑心，再加上女眞族幾代所受的屈辱，如今既探得遼朝已經是國勢衰微，而女眞已經奠立了實力，只需再集聚些力量，應該可以跟遼朝決一雌雄。於是阿骨打更勵精圖治，各部女眞凝聚在他的旗幟下，以圖抗遼大業。

遼朝自興宗以來已經逐漸衰敗。天祚帝如果能發憤圖強，內修政治、知人善任、少興游獵，遼朝或許還有機會重新興盛，因爲此時的北宋君主是「藝術家皇帝」徽宗，照理說是不會對遼造成任何威脅的。但可惜天祚帝不是這樣的一個君主。

天祚帝寵信外戚，皇后蕭氏（小字奪里懶）的兄弟蕭奉先、蕭保先都因她而飛黃騰達。蕭奉先當上了樞密使，被封蘭陵王，此人心胸狹窄，眼高手低，卻深得天祚帝寵信。

天祚帝另有一個名叫蕭瑟瑟的妃子，是渤海國人，天祚帝封她爲文妃。文妃育有一子名爲敖盧斡，心地

賢妃蕭瑟瑟

蕭瑟瑟相當賢慧，她目睹天祚帝終日不務正業，親小人、遠賢臣，便寫了一首歌謠，希望能喚醒沈緬享樂中的天祚帝，以激起天祚帝的鬥志：

勿嗟塞上兮暗紅塵，勿傷多難兮畏夷人；
不如塞姦邪之路兮，選取賢臣。
直須臥薪嘗膽兮，激壯志之捐身；
可以朝清漠北兮，夕枕燕雲。

她另外又寫了一首歌謠諷刺遼朝政的腐敗和黑暗：

丞相來朝兮劍佩鳴，千官側目兮寂無聲。
養成外患兮嗟何及，禍盡忠臣兮罰不明。
親戚並居兮藩屏位，私門潛畜兮爪牙兵。
可憐往代兮秦天子，猶向宮中兮望太平。

但天祚帝聽到蕭瑟瑟藉歌諷刺，不但沒有絲毫的自省之心，反而因此疏遠她。

善良而且武藝高強，在眾皇子中顯得鶴立雞群，後來被封爲晉王。

而蕭奉先爲了要讓皇后之子繼承皇位，便陰謀除掉眾人賞識的晉王敖盧斡。他先是誣告文妃蕭瑟瑟勾結姊夫耶律撻曷和妹夫耶律余覩，要擁立晉王爲帝。昏庸的天祚帝居然輕信蕭奉先的指控，立刻殺了耶律撻曷夫婦，逼文妃自盡。耶律余覩當時帶兵在外，躲過了一劫，但當耶律余覩得到消息後，驚怒不已，於是投靠完顏阿骨打，爲女真作先鋒帶兵殺回遼都。眼看金兵來襲，天祚帝驚慌失措，蕭奉先對天祚帝說：「耶律余覩原是大遼宗室，是不會滅遼的，他帶兵攻向遼都，只是要擁立晉王敖盧斡爲帝而已，只要殺了晉王，他沒了指望，自然就會撤兵了。」糊塗的天祚帝居然不顧父子親情，下令晉王自縊。這時有人勸晉王出逃，天性忠厚的敖盧斡無奈地說：「我豈能爲了蕞爾之軀，而違背既是君王又是父親的旨意苟且偷生，失去臣子氣節。」言畢就自盡了。

天祚帝被金兵攻到深山後，才開始覺悟，對蕭奉先說：「正是你們父子害得我國破家亡，現在就算殺了你一家，也於事無補了，你們一家快離我遠遠的，免得軍隊看到你們譁變，禍及於我。」

女眞騎馬武士磚雕

蕭奉先父子大哭一場離開天祚帝，才走沒多遠，就被手下的衛兵給押解到女眞兵營。女眞先殺了蕭奉先長子，預備將蕭奉先跟次子押到後方。半途中遇到遼軍，蕭奉先又被奪了回來，送到天祚帝跟前。天祚帝唯恐把蕭奉先留在身邊，會激起兵變，所以命蕭奉先父子自盡。

當耶律余覩得知晉王被迫自盡之後，更加怒不可遏，領女眞率軍隊加緊進攻，直逼皇帝的行宮，天祚帝只得逃入深山。遼朝二百多年的國祚，眼看就要覆滅了。

完顏氏建國

女眞想要脫離遼朝，自行建立國家，自從完顏阿骨打成爲生女眞族的酋長後，力量逐漸強大，又探聽得遼朝已經虛有其表，所以決定起兵抗遼。

遼天祚帝天慶四年（西元一一一四年），阿骨打發兵攻遼，先是命博勒和（或作婆盧火）等將徵調各部女眞兵，再通知各部捉拿遼朝捕捉海東青的障鷹使官。該年九月，進軍寧江州（今吉林省扶餘縣東南），在拉林水大會各路女眞軍，共得二千五百人，在誓師集會中，細訴遼人之罪。發兵之後，女眞軍大獲全勝，阿骨打親自

完顏阿骨打石棺槨上的龍紋　北京房山金陵出土；北京首都博物館。

射殺遼將耶律色實，遼軍大潰，自相踐踏而死的居然多到十之七、八。

當時女眞國相薩哈派他兒子宗翰來致賀，勸阿骨打稱帝，阿骨打很謙虛地說：「才戰勝一場，就要稱帝，豈不顯得淺薄？」此後女眞與遼軍接連作戰，每戰皆捷。阿骨打深知擊毀遼軍並不等於女眞建國成功。因爲這時女眞仍然是部落組織，以鬆散的組織建立國家是不夠的，必須徹底強化聯繫，才可能建立國家，於是他開始協調女眞內部的關係。

完顏阿骨打把原女眞部落組織拆散，將每三百戶編爲一個謀克。每十個謀克編爲一個猛安，以這種方式組織女眞人。這種軍政一體化的機構，不但強化了女眞的作戰能力，更成爲五百年後女眞族愛新覺羅努爾哈赤創設八旗制靈感的源頭。

遼天慶四年，奚部、鐵驪部王和勒博以所部歸附阿骨打，此時女眞內部既已重新編組完成，戰力大升，而奚、鐵驪各部又來投靠，聲勢也大增。弟弟吳乞買、國相薩哈以及希卜蘇等都力勸阿骨打稱帝建號。起初阿骨打並沒有應允，後阿里華、普嘉等再次勸進：如果不建號稱帝，將無法號召

金國號之謎

許多史傳認為阿骨打建國號為金，是因為遼的本意為鑌鐵，鑌鐵固然堅硬，可是終究會鏽蝕，而黃金則永不鏽蝕，故阿骨打以此為意，建立金以抗遼。但遼是否真有鑌鐵之意仍待商榷，所以阿骨打建國號為金的理由應該還有其他解釋。

另有一說，女真族的發源地在按出虎水（松花江支流），按出虎或作阿祿祖，是突厥回紇語「阿爾泰」的音譯，而「阿爾泰」的意思就是黃金，因為該地產金。所以阿骨打才定國號為金。

天下共同反遼。阿骨打經過考慮，決定在次年，即遼天慶五年（西元一一一五年）稱帝，是爲太祖，並定國號爲大金，建元收國，就此誕生一個新政權。

金太祖阿骨打建立金政權後，於收國二年（遼天慶六年，西元一一一六年）攻下遼瀋州（今遼寧省瀋陽市），破遼東京，遼將高永昌投降，於是遼東京各州、縣盡入金的手中。從此金國一路進攻，連下保州、春州（今內蒙古自治區突泉縣）、泰州（今吉林省內，一說今黑龍江省內），勢如破竹，每戰皆捷。

冊封文再掀風波

到了金太祖天輔二年（遼天慶八年，西元一一一八年），降將高永昌獻議：自古以來之開國英雄，都先要求得大國的冊封。現在應該向遼國提出以下十項要求：

一、要遼朝冊封阿骨打爲大聖大明皇帝。

二、承認金的國號。

三、頒發皇帝專用的車駕。

四、頒發皇帝專用的袞冕。

五、頒發玉質皇帝之印璽。

六、與金以兄弟相稱。

七、金國皇帝生辰及元旦要派使者前來致賀。

八、每年要送給金國銀、絹各二十五萬兩疋，平分北宋每年所給的銀絹。

九、割遼東、長春兩路給大金。

十、送還女眞族三王阿骨產趙。

這十項建議金太祖都認可了，於是派使者送到遼廷，而昏庸無能的天祚帝對金國的大軍壓境正感手足無措。現在金國派使者送來十項要求，無異久旱中的甘霖，加以大臣蕭奉先也主張接受，因此大喜過望的天祚帝立即派靜江軍節度使蕭習烈、翰林學士楊勉爲冊封使；以副歸州觀察使張孝偉、太常少卿王府爲通問使；又派副衛尉少卿劉湜爲管押禮物官；令將作少監楊立忠爲讀冊使，組成陣容龐大的「使團」，浩浩蕩蕩向金國前來，奉上冊封文獻。

遼爲金國準備的冊封文採四六對駢，相當工整。可是當使團到金國宣讀冊封之後，問題就出現了。

女眞人雖然不諳漢文，不懂中原禮節，可是金太祖手下卻有不少飽學之士，如原是遼國大臣，後來降金的楊朴。楊朴認爲冊封文中所用的辭彙如「遙芬」、「多戩」都不是讚美之意，而「渠材」更有輕蔑的意味，最重要的是，整個冊封文中，都沒有提到遼尊金爲兄之事，而且這篇冊文還稱金爲東懷國，意思就是東方小邦懷

冊立金國皇帝的冊封文

眷惟肅慎之區，實介扶餘之俗；土濱上國，材布中嶔，雅有山川之名，承其父祖之蔭；碧雲野，固須挺於渠材，皓雪飛霜，野不雄於絕駕；章封屢報，誠意交孚，載念遙芬，宜膺多戩；是用遣蕭習烈等持節備禮，冊為東懷國至聖至明皇帝，義敦友睦，地烈豐腴，嗚呼戒哉。

遼代・白釉關公　頭戴帽巾、鳳眼長鬚、手握兵器、威而不怒。身著胄甲，右肩獸面一副，外披風掛，雙腳著靴、天衣飄盪、嚴然佇立，工藝上具有異族粗獷，兼有中原忠義元素。山西大同出同、民間收藏。

遼朝的威德而來。

此外遼隨附而來的武器車輅也都是諸侯的規格，因此金國要求蕭習烈回遼更換冊封文和車輅。蕭習烈雖有所辯解，但都被楊朴駁回，金太祖甚至大怒得想腰斬副使，經大臣粘罕等人勸阻，才改爲鞭笞一百，並把使團扣在金國。隔年，即金天輔三年（遼天慶九年，西元一一一九年）三月，金放蕭習烈、楊立忠二人回遼，繼續扣押其他人員，並且警告蕭、楊二人，在秋天前務必送來更換的冊封文，並且要稱「大金國皇帝兄」，否則就要發兵奪取遼上京。消息傳回遼後，天祚帝卻因個性消極，而選擇不理會所有和金相關的事情，大臣蕭奉先也順勢不予稟報。結果不久後，金太祖就發兵攻打上京，遼天祚帝這下嚇得派人向金國求和，結果被金太祖拒絕。

遼天慶十年（金天輔四年，西元一一二〇年），金太祖攻下遼上京，次年遼將統伊都等人到咸州（今遼寧省開原縣一帶）請降。金天輔五年（遼天祚帝保大元年，西元一一二一年）三月，天祚帝逃到鴛鴦濼（今河北省張家口地區赤城縣西），奔向西京。金兵追到西京，天祚帝又逃向伊蘇部（今不詳）。金天輔六年（遼保大二年，西元一一二二年），金奪取遼中京。遼軍節節敗退，天祚帝一路逃亡。

僥倖得生的宋使

北宋徽宗大觀年間（西元一一〇七～一一一〇年），徽宗曾以林攄出使遼國。

到達遼之後，遼國要林攄練習契丹禮俗，以便覲見天祚帝，林攄嫌這些禮儀過於繁瑣，稱這是蕃狗的儀節。天祚帝知道後，認為遼與宋既為兄弟之邦，宋臣也是遼國的臣子，居然辱罵遼國的儀軌，等於侮辱遼國的君王，當處以死刑。

經過左右大臣的極力勸阻，才赦免了林攄。

金聯宋攻遼

遼金作戰的局勢，南方的北宋看在眼裡，豈肯放過如此良機？遼天祚帝天慶十年（北宋徽宗宣和二年，金天輔四年，西元一一二〇年），宋徽宗派中奉大夫趙良嗣使金，宋金合兵攻遼，約定事成之後，以燕雲十六州及遼新置的景州（今河北省東光縣）等十七州歸宋，遼國其餘領土歸金。遼朝本已不堪一擊，更難抵擋宋金聯軍南北夾擊，這項合議對天祚帝而言，無異是雪上加霜，也徹底打消了天祚帝想南逃投奔北宋的可能。

遼與西夏曾結有和親之約，於是天祚帝決定投奔西夏。這時是遼保大五年（西元一一二五年），金國已由完顏晟即位，是爲金太宗。太宗得知天祚帝逃至西夏後，便命粘罕率婁室等追捕天祚帝，當天祚帝逃到余都谷（今不詳）時，被隨從小胡魯出賣。小胡魯向金軍密告天祚帝藏身之處，粘罕派人前去招降，天祚帝不肯。粘罕於是派婁室率領騎兵追趕。婁室很快追上了，並向天祚帝下跪說：「奴婢不佞，乃以介骨犯皇帝天威，死有餘罪」，說罷向天祚帝獻上了酒。走投無路之下，天祚帝只好束手就擒。

天祚帝被俘後，金太宗天會四年（西元一一二六年），太宗封他爲海濱王，將他囚禁於長白山。至金熙宗皇統元年（西元一一四一年）時，再改封天祚帝爲豫王，直到皇統五年（西元一一四五年），當了俘虜近二十一年的天祚帝才病死於金國內。

遼自耶律阿保機神冊元年（西元九一六年）建立，到天祚帝保大五年（西元一一二五年）被金所俘，共二百一十年。但在中國的遼朝雖然已經滅亡了，耶律阿保機的後代耶律大石卻西走中亞，別創一番勛業。

天祚帝死因

關於天祚帝之死，《竊憤錄》有別的說法，認為天祚帝是死於金海陵王正隆六年（西元一一六一年）。是時海陵王大閱兵馬，以天祚帝為箭靶，一箭穿心而死。只是如果此說為果，天祚帝這時已經是八十七歲的老人，朝不保夕，金國要他死的話，何必再把他當作箭靶呢？因此這個說法有待考證。

遼代世系表

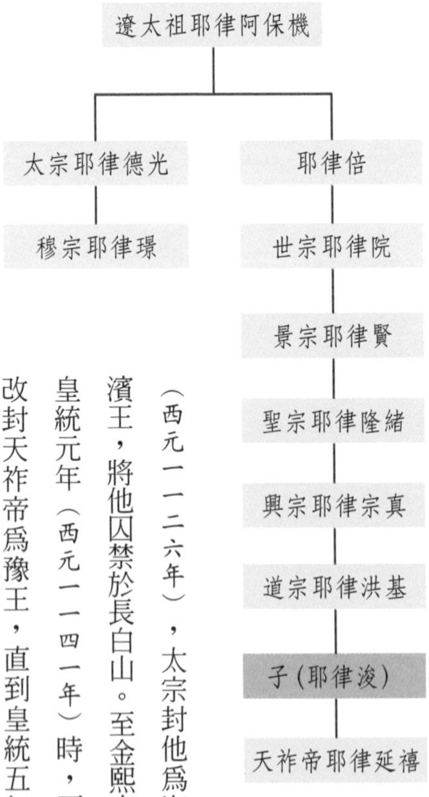

遼代・熾盛光九曜圖
一九七四年在著名的山西省應縣木塔發現，是研究遼代佛教活動、文化狀況和雕版印刷技術的珍貴資料。這幅熾盛光九曜圖，為皮紙本，設色，題名「熾盛光佛降九曜星宮房宿相」，據佛經熾盛光佛因周身毛孔放光而得名。其圖像為佛手持金輪，結跏趺坐於蓮花寶座上，兩側侍立九曜星官，上方畫天界諸神及星宿等。這是遼、宋、西夏時期流行的佛教繪畫題材。

第十章 契丹語文知多少，契丹文字分大小

契丹語

契丹族既是東胡系鮮卑族的遺胤，語言屬性自然與鮮卑語有密切關係，只是歷來留下有關鮮卑語言的史料極少，很難據以斷定鮮卑屬於何種語族，不過就目前在相關史料中出現若干鮮卑語彙的漢字音譯如「鮮卑郭洛帶」、「可博眞」（語出《南齊書・魏虜傳》，其意爲守衛者或看門官）、「契害眞」（同前引書，其意爲行刑官）等觀之，至少可以斷定在語型上不屬於孤立語型（Isolating language type），因此不可能爲漢藏語族（Sino-Tibetan language family）。

在鮮卑之前或之後生活於長城以北的諸多草原游牧民族，所使用的語言概屬阿爾泰語族（Altai language family），因此可以斷言鮮卑語屬阿爾泰語族，已爲目前學界所公認，是故契丹語也應爲阿爾泰語族之契丹語。契丹語彙以漢字音譯存於契丹史料中相當多，原不易解，所幸《遼史・國語解》對此類語彙作了頗爲詳細的解釋，現擇其較重要且常見者，錄之如下：

阿廬朵里	一名阿魯敦，貴顯名，遼于越官兼此者，唯耶律曷魯一人。
選底	主獄官。
常袞	官名，掌遙輦部族户籍等事；奚六部常袞，掌奚之族屬。
剋釋魯	剋，官名。釋魯，人名。後剋朗、剋臺哂倣此。
石烈	縣也。
柴冊	禮名。積薪為壇，受群臣玉冊。禮畢，燔柴，祀天，阻午可汗時之制也。
北剋、南剋	掌軍官名，猶漢南、北軍之職。
林牙	掌文翰官名，時稱為學士。其群牧所設，止管簿書。
瑟瑟禮	祈雨射柳之儀，遙輦蘇可汗時制。
	詳穩諸官府監治長官。
梯里已	諸部下官也，後陞司徒。
達剌干	縣官也，後陞副使。
麻都不	縣官之佐也，後陞為令。
馬步	未詳何官，以達剌干陞為之，知其高於達剌干。
夷離菫	統軍馬大官，（遼太宗）會同（西元九三八～九四七年）初，改為大王。
撻馬狘沙里	撻馬，人從也；沙里，郎君也；管率眾人之官。後有僅稱撻馬者。
阿主沙里	阿主，父祖稱。
惕隱	典族屬官。即宗正職也。
于越	貴官，無所職。其位居北、南大王上，非有大功德者不授。
阿點夷離的	阿點，貴稱。夷離的，大臣夫人之稱。
夷離畢	即參知政事，後置夷離畢院以掌刑政。宋刁約使遼有請云「押宴夷離畢」，知其為執政官也。
撻林	官名。後二室韋部改為僕射，又名司空。
敞史	官府之佐吏也。思奴古官與敞史相近。
杓窊印	杓窊，鷙鳥總稱，以為印紐，取疾速之義。凡調發軍馬則用之，與金魚符、銀牌略同。
拜奧禮	凡納后，即族中選尊者一人當奧而坐，以主其禮，謂之奧姑。送后者拜而致敬，故云拜奧禮。
敞穩	諸帳下官。亦作常袞，蓋字音相近也。
阿札割只	官名。位在樞密使下，蓋墩官也。

四捷軍	遼以宋降者分立二部，一曰四捷軍，一曰歸聖軍。
虎思斡耳朵	或稱「虎思斡魯朵」。斡耳朵是宮帳名。
敵烈麻都	掌禮官。
旗鼓拽剌	拽剌，官名。軍制有拽剌司，此則掌旗鼓者也。
食殺之次	大行殯出，群臣以殺羊祭于路，名曰食殺之次。
禡祭	凡出征，以牝牡麃各一祭之曰禡，詛敵也。
勘箭	車駕遠歸，閤門使持雄箭，勘箭官持雌箭，比較相合，而後入宮。
方裀、朵殿	凡御宴、官卑，地坐殿中方墩之上；其不應升殿，則賜坐左右朵殿。
迺捏咿唲	正月朔旦也。
押里囮	押讀作狎，囮讀作頗。二月一日也。六月十八日宴國舅族，亦曰押里囮。
陶里樺	上巳日，射兔之節名。
討賽咿唲	重午日也。
賽咿唲奢	日辰之好也。
必里遲離	重九日也。
石烈辛袞	石烈官之長。
令穩	官名。
忒里蹇	遼皇后之稱。
楚古	官名。掌北面訊囚者。
實里薛袞	祭服之冠，行拜山禮則服之。
莫弗紇	諸部酋長稱，又云莫弗賀。
算斡魯朵	算，腹心拽剌也。斡魯朵，宮也。
彌里馬特本	官名，後陞辛袞。
麻普	即麻部不，縣官之副也，初名達剌干。

以上所錄契丹若干詞彙之漢字音譯，其中「詳穩」一詞，很可能漢語「相公」之契丹語讀音，並以之爲諸官府監治長官之名稱；另「令穩」也可能爲漢語「令公」之契丹語讀音，並以之爲契丹官名；此外「夷離堇」一詞，契丹曾頒賜於北方游牧民族，如當時分布今蒙古國中部，使用突回語克烈部長脫斡憐勒，就曾被女眞封爲「夷離堇」（女眞襲用契丹語彙），而脫斡憐勒又自稱汗，於是遂以王汗之名出現於各項文獻之中。

至於文字，契丹民族起初並未創制可以用來記錄契丹語的文字，契丹建國之後，由於民族意識的覺醒，以及契丹語與漢語無論在語型、語法、語音上都有極大的差異，如漢語是孤立語型；在語法結構上是由「主詞＋動詞＋受詞」來構成最簡單的句子；在語音上是每個字都是單節。但契丹語是膠著語型；在語法上一個最簡單的句子構成方式爲「主詞＋受詞＋動詞」，而動詞能夠呈現主詞，所以有時主詞就省略了；語音上幾乎都是複音節，因此要以漢字記錄契丹語言是不可能的。也因此，創制適合記錄契丹語言的文字，就成爲必要之事，尤其遼朝中期以前，國勢鼎盛，爲了發展文化，更需要創制契丹文字。

契丹大字

遼太祖神冊五年（西元九二〇年），在文臣耶律突呂不與耶律魯不古的合作下，創制出「契丹大字」，也稱「國字」，這種契丹大字或契丹國字大致是建立在漢字基礎之上，有點、橫、直、撇、捺等筆劃，也採橫平豎直、拐直角的彎，更有少數直接借用漢字，如「皇帝」、「太后」、「王」等，這類字都是用以記錄契丹語中的漢語借詞，也可說是契丹語中來自漢語的外來語；另有一些契丹大字雖借用漢字的字形與字義，但讀音則是契丹語音，這些字就不是來自漢語的借詞，如個位數的一、二、三等

鮮卑語

關於鮮卑語，歷來有以下各說：認為鮮卑語屬於匈奴語，或變種之匈奴語；認為鮮卑為通古斯語，認為鮮卑語源於蒙古語。詳見劉學銚《鮮卑史論》，臺北南天書局，1994年，頁84～85，無論鮮卑語屬於以上三種何種語，以上三種語言概屬阿爾泰語。

等，雖然字形、字義都與漢字相同，但卻有契丹語讀音；另有一些契丹大字僅借用漢字的字形，卻不具漢字的字義與字音，另有契丹字音及字義；絕大部分的契丹大字都是自行創制的，只是在外觀上與漢字相當類似，讓人乍看頗有似曾相識之感，仔細再看，則全然不識，茲舉數字如圖以供參看。

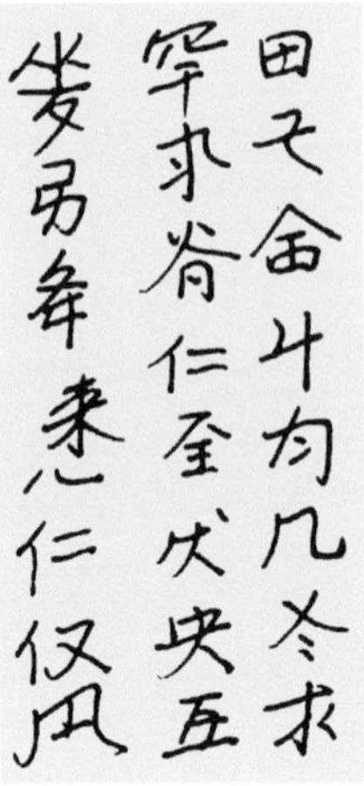

創造契丹大字者，可能感到某些漢字筆畫太多，無論書寫或辨識都相當困難，因此在創制契丹大字時，盡量把筆畫壓縮到最少，同時也把字數盡量減少，據《新五代史．四夷附錄》稱，契丹大字「文字數千」，另據葉隆禮《契丹國志．太祖紀》更直截了當指出：「渤海既平，乃制契丹文字三千餘言。」明指契丹大字只有三千個字。

就目前現有的史料來看，契丹大字似乎只有一千多字，筆畫最多的只有十五畫的「⿱䜌口」字，而筆畫在十畫以上的，大約只有一百多字，可見百分之九十以上的契丹大字筆畫都不足十畫，乍看之下是比漢字簡單多了，但是我們都知道，只有三千多個不同的字很難寫出一本好書，況且契丹語是阿爾泰語，複音節語言，很難以孤立的方塊字記錄語言。

當今世上雖有數十百種或更多種文字，但如果從根本結構處看，可以歸納為兩種，其一是表音文字，以字母錄下語言的讀音，所以也可以稱為聽覺文字，這種文字適合記錄複音節的語言；其二則是表意文字，以圖形或不同的筆畫表達其語言的含義，所以也可稱之為視覺文字，以這種文字作為孤立語型語言（如漢語）的載體是最適合的。

契丹語既是阿爾泰語族，絕大部分的單詞都是複音節，而且又有時態與單多數的變化，因此一個孤立的單字，就不可能記錄複音節、時態及單多數的複雜情況，為了完整表達契丹語言，有時必須用兩個或多個字才能記錄一個單詞的語音，如此一來所借用的漢字或所創制的契丹字，都只能成為一種音符，其所借用的漢字如「王」、「皇帝」、「太后」等極少數漢字，是音、義都借，只能算是契丹語中來自漢字的外來語。

幾個孤立的契丹大字，按照子音（聲母）、母音（韻母）相拼的原則，以之載錄契丹語言，可是由於單詞之間沒分隔符號，所以很難去判斷行文中一個契丹大字，究竟它本身就是一個單詞，還是它與上一個字或下一個字，甚至既與上一個又與下一個共同組成一個單詞，或者它根本不是單詞的組成部分，僅僅是黏著單詞之後的時態或數別。

契丹大字如果只從單字的數量及筆畫來看，似乎是一種結構偏簡單的文字，但是如果以實際使用及拼音方式看，則是一種極其複雜的文字，契丹大字既有這些毛病，想以契丹大字載錄歷史事件、法令規章，自是困難重重，如要以契丹大字創作感人的文學作品，那更是近乎不可能的任務。

契丹小字

創制文字畢竟是一件高難度的工程，古往今來每一個民族都有自身民族語言，但是能創制文字的民族，則寥寥無幾，契丹民族既能崛起於松漠、創建遼朝，而遼朝國祚長達二百一十年，如含西遼則將近三百年，畢竟是一個偉大的民族，因此既然發現契丹大字作爲契丹語言的載體，有其難以克服的問題，於是窮則變、變則通，契丹人在之後另行創制一種更爲完善的契丹文字，後來稱之爲「契丹小字」，或直接稱之爲契丹字或契丹文。

契丹大、小字之名稱，不是由於字體的大小，而是出於創制之先後。契丹小字是遼太祖耶律阿保機之弟耶律迭剌所創制，至於何時創制，史傳失載，但據常情推斷，契丹大字既在運用上有難以克服的問題，耶律迭剌應該已經著手研究契丹小字之創制，但文字之創制有其難處，絕非一蹴可幾。史傳既稱契丹小字是耶律迭剌所創制，所以必然是完成在他的有生之年，因此判斷契丹小字創制完成之年，距契丹大字使用並發現問題不過三、五年時間，就創制文字這一艱鉅工程而言，三年五載已經是相當快速了。

契丹小字的特點即是「數少而連貫」，也就是說文字雖少，卻能系統性、全面性載錄契丹語言。

契丹小字仍是參考漢字及契丹大

字的字形，並在漢字反切法的原則下所創制的一種拼音文字。「反切」是古代漢字拼音方式，要知道一個字的讀音，以兩個字的聲母、韻母來表達，就是以第一個字的聲母（子音）與第二個字的韻母（母音）相切，就成爲這個字的讀音，如冬字爲都宗切，就是以都字的聲母與宗字的韻母相切，就是冬字的讀音。

這種文字的字母看起來雖像漢字，卻不是漢字，契丹小字最基本的讀寫單位只是發音符號，稱之爲字母也許更爲適合，只是現代研究契丹字的學者，稱這種符號爲「原字」（《中國文明史・宋遼金時期》，頁九十九）。

原字一般並無意義，只是音符而已，只在這些音符拼成單字時才有意義，據現有資料統計，原字共有四百五十幾個，契丹小字就是由這些原字相拼而成，有一些原字可以單獨構成契丹小字；必須由若干個原字拼起來，才構成一個契丹小字的，稱之爲「合成字」，從以上所述，可知契丹小字的結構還是很複雜，要學契丹小字，必須先牢牢記住四百五十幾個原字，然後還得記住如何將原字相拼及其相拼之原則，如此高難度，對載錄或弘揚契丹文化都相當不利。

契丹小字，也就是契丹單詞，分別由一到七個不等的原字構成，每個單詞的原字，都有一定的排列順序，單詞與單詞之間有間隔，使人能夠一目了然，合成字中的原字排列順序爲先左後右，契丹小字的排列原則略如下圖，每一數字代表一個原字。（《中國文明史・宋遼金時期》，頁九十九～一〇〇）

契丹造字法

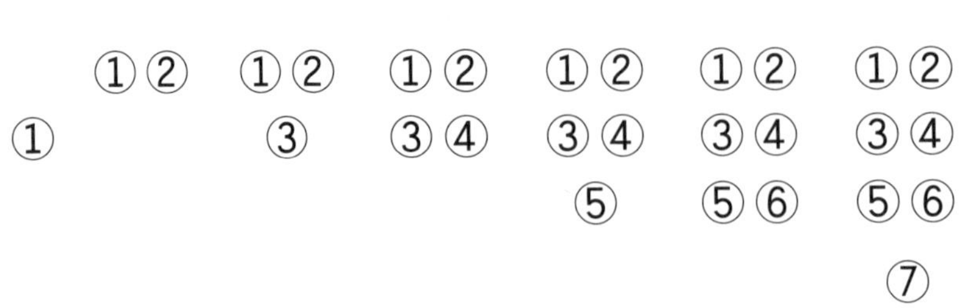

這裡且描繪幾個契丹小字以供參考。（見上圖）

契丹小字乍看之下和漢字無二異，但細看卻無一字認得。原字的筆畫都比較簡單，很少在十畫以上，常用原字多在六畫左右。契丹小字的書寫方式是自上而下，換行時由右向左，敬語另起一行或空一格，這一方面與漢文完全相同，至於契丹小字在字體上也有篆、楷、行、草四種字體，最常用的是楷書，契丹小字創制通行之後，契丹大字並沒有廢除，兩種字體同時存在。

契丹文研究

雖然契丹人創制了契丹大、小字，以之爲契丹語言的載體，但是遼朝境內仍然以漢人居多，連被遼朝滅亡的渤海國也是使用漢文，在這種大環境下，儘管契丹人創制了屬於自己的契丹大、小字，但是並沒有禁止人民使用漢字。後來遼朝被女眞的金滅亡，契丹大、小字還通行了一段時間，到了金章宗明昌二年（西元一一九一年），距遼朝滅亡已經六十六年，金朝才明令廢止契丹字，這樣看來，契丹大、小字也使用了兩百多年。

另有一說，遼朝滅亡後，遼宗室耶律大石在西域（含今日中亞）建立西遼，曾把契丹大、小字帶到西域（《中國文明史・宋遼金時期》，頁一○○）。但是這裡對此說存疑，因爲據法國學者格魯塞（René Grousset）所著《草原帝國》載，西遼宮廷使用的既是漢語文，應該就不會再使用契丹大、小字了。

二十世紀時，中國境內陸續出土若干遼代遺物，既有墓誌銘、也有印章、銅鏡、洞穴文字等，既有契丹大字，也有契丹小字，但是還無法完全解讀，契丹字的研究，還是一門有待開發的學術領域，不過無論如何，契丹字的創制，在中國歷史上具有以下幾個意義：

蒙文

蒙文前後曾有四種，成吉思汗滅乃蠻俘其臣塔塔統阿，命其以畏兀（即回紇）字母拼寫蒙文，稱之為「畏兀蒙文」或「老蒙文」；元世祖、忽必烈創建元朝後，寵信蕃僧（即西藏喇嘛）八思巴，命他以吐蕃字創制蒙文，是謂「八思巴蒙文」或「新蒙文」，元之後仍恢復使用畏兀蒙文，至今內蒙古仍流行此項蒙文；另漢西蒙古四衛剌特各部，以畏兀蒙文無法精準表達西蒙古之讀音，乃稍作修改，稱「托忒蒙文」，流行於西蒙古及俄境伏爾加河下游之額爾瑪古蒙古地區；今蒙古國在蘇聯統治時期，也採用與俄文相同之息立克字母拼寫蒙語，是謂「息立克蒙文」、「俄式蒙文」，也稱之為「新蒙文」。

至今蒙古國仍採俄式蒙文。

一、開創少數民族政權創制文字的先河

在契丹民族創建遼朝之前，雖然已經有匈奴、羯、鮮卑、氐、羌、瀘水胡等北方少數民族建立過漢魏式的政權，但是國祚能超過一百年的，只有鮮卑拓跋部所建的北魏，雖然有若干學者據《魏書・世祖本紀》所載：「（北魏太武帝）始光二年（西元四二五年）初造新字千餘，詔曰：『昔在帝軒，創制造，乃命倉頡，因鳥獸之跡，以立文字，自茲以降，隨時改作，故篆、隸、草、楷並行於世，然經久永，傳留多失其眞，故今文體錯謬，會義不愜，非所以示軌於來世也。孔子曰：名不正則事不成；此之謂矣。今創定文字，世所用者，頒下遠近，永爲楷式。』」因此認定北魏曾創制鮮卑字，作此認定者有謬越氏，可見其所著《讀史存稿・北朝之鮮卑語》，此文原載《中國文化研究叢刊》卷十；今人布特戈其之《耶律阿保機語源考證》文載《內蒙古社會科學》一九八八年第四期、陳毅之《魏書官氏志疏證》也認定北魏曾創制鮮卑字。

如果此說屬實，則遼朝所創制的契丹大、小字，就不是少數民族創制文字的先河。但關於北魏曾否創制鮮卑文字，經過詳讀史料、多方評比以抽絲剝繭方式，推翻北魏曾創制鮮卑字之各種說法，得出結論乃是北魏太武帝於其始光二年所「初造新字千餘」，都是漢字，是則北魏並未曾創制鮮卑字，可以說是至少到目前爲止

已是定論。但稍晚於北魏的突厥，在創建東、西兩大汗國後，考其時代約在唐（西元六世紀中葉）以後，約早於契丹三個多世紀，曾有突厥文之應用，其字母共有三十九個，茲將其形式表列如左。

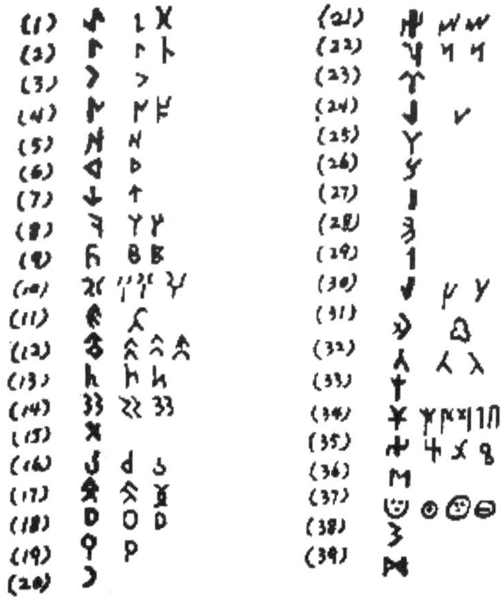

此圖引自林幹《突厥與回紇史》，呼和浩特內蒙古人民出版社，二〇〇七年，頁一三四。

突厥文雖《周書・突厥傳》載其「其書字類胡」，但是並未具體說明突厥文字的形式；此外，《北齊書・斛律羌舉傳》曾載：北齊後主高緯命「通四夷語」的代人（指代地之人，極可能是鮮卑人）劉世清「作突厥語」翻譯《涅槃經》以贈突厥可汗；按北齊後主高緯於五六五至五七七年在位，《北齊書》的「作突厥語譯《涅槃經》」，應是以突厥文譯《涅槃經》，可見確實有突厥文的存在，據大陸學者林幹考證認爲：「突厥文大約是在五世紀時創制和開始使用的」（林幹《突厥與回紇史》頁一三二），以其書寫而成的碑銘大多在今蒙古國鄂爾渾河流域發現，又以其外形與古代日耳曼人所使用的儒尼（Runic或作盧尼）頗爲相似，所以也被稱鄂爾渾盧尼文，但是葉尼塞河流域也曾發現以這種文字所書寫的碑銘，所以也有稱之鄂爾渾——葉尼塞文。論者有謂，這種突厥文脫胎於阿拉伯文的草體字母，但突厥人吸納之後曾加以改造，並另有發明，所以具有原創性。

只是突厥雖曾建有東、西兩大汗國，且崛起初期國力鼎盛，如初生之犢，隋末天下大亂群雄並起，各立山頭時，均紛紛向突厥俯首稱臣，縱然是建立大唐王朝的李淵，在崛起之初也曾向突厥稱臣，可見突厥之盛，較

契丹文字　契丹文字有「大小」之分。大字筆畫比漢字簡單，字數有三千字之多，不易學習。後來，根據回鶻字對大字加以重新改造的新字，即為契丹小字。小字是拼音文字，拼音方法受回鶻字的啓發和漢字反切注音的影響，有三百多個表音符號，稱作原字。將若干原字拼合以記錄契丹語，使用起來比大字更為方便。

諸古代匈奴猶有過之；只是無論東突厥汗國或西突厥汗國，仍屬草原游牧形式，所以就胡族所建之漢魏式政權，而能創制足以記載其民族語言之文字者，契丹堪稱開歷史之先河。

稍晚於契丹者，党項羌所建之西夏，也曾創制形式奇特之西夏文，之後入主原建立王朝之胡族，也莫不創制用以記錄本族語言的文字，如女眞金朝之女眞文、蒙古元朝之蒙文，女眞或滿洲清朝之滿文，而且執政之胡族，概稱其所創制之文字爲「國書」，但在中原大地開其先河者，則非契丹莫屬。

二、契丹文保留頗多古阿爾泰語彙語法

眾所周知，由於時代之推移，人類之口語，無論是語法或語彙都會在不知不覺中改變，姑且以漢語爲例，《論語》上之語法，極可能是戰國時一般人之口語，時至今日，在一般國語中，已經沒有人再使用《論語》的語法作爲口語，但是在閩南語中仍然保有相當多的古漢語語法，如普通話「你吃飯了沒？還沒有。」這麼一段簡單的問答，若以閩南語表達則爲：「汝吃飯未？猷未」，這是何其典雅的古漢語；再如今日普通話說「你那有這種本事？」以今日閩南語說則爲「您咁有這材調」（出自《晉書》），可見漢語的普通話一直隨著時代在改變。

漢語如此，北方各胡族所使用的阿爾泰語，想必也是如此，因此許多古阿爾泰語彙在今日阿爾語系各民族語言中，已經無法了解其含義，如果一旦對契丹大、小字完全解讀成功，毫無疑問的將同時解讀許多古阿爾泰語系語彙，不僅如此，更可以進一步探測阿爾泰語的分化過程，以及契丹語在阿爾泰語言中的地位。另者，契丹民族既經考證爲鮮卑民族的遺胤，解讀契丹時代阿爾泰語的情況，等同上溯諸胡列國時代的鮮卑語，甚至更可上追西漢初（西元前二世紀）匈奴冒頓單于時代東胡語的情況。從而可見契丹字的解讀，具有極大的發展空間，也更應肯定契丹大、小字，在文化史、語言學史方面具有相當重要的歷史地位。

三、契丹字的解讀可以深化契丹史研究

《遼史》乃元人托克托（或作脫脫）所撰，而托克托除撰《遼史》外，同時還撰有《宋史》、《金史》，一人而修三史，其不能詳賅乃意料中事。

元世祖忽必烈中統二年（西元一二六一年）會議修遼、金二史，世祖至元十六年（西元一二七九年）滅宋，又命史臣通修遼、金、宋三史，但以三國正統問題議論不定，雖經六十四年，迄未成書，及至元惠宗至正三年（西元一三四三年），托克托奏請設局，據既有底本重修三史，至正四年三月《遼史》完成。試想僅以不到一年時間完成《遼史》，且篇幅達一百一十六卷，其倉促與草率可想而知。

其實契丹乃游牧民族，記載原就不多，且遼制契丹人著作不得傳於鄰境，因此經過遼金兵燹，文獻可說是蕩然無存，修史時僅據金人耶律儼、陳大任二家所紀，尤其遼天祚帝耶律延喜天慶二年（西元一一一二年）後之事，多採葉隆禮之《契丹國志》，而葉隆禮並非史家，「以南人而紀北事，囿於見聞，尚多闕略」（《契丹國志》卷首雲南沙席世評語），從而可見《遼史》疏漏之處必多。遼朝既曾創制契丹大、小字，且於遼初即創制，年代甚早，依常情推論，必然有甚多契丹民族初興時之事，以契丹字撰著，以免爲外人所窺知其興起之緣由，或者在契丹族崛起過程中，有某些不足爲外人道之事，因此一則以契

遼代．白釉剔花瓷碗　白釉剔花瓷碗，深受佛教影響。瓷碗內刻蓮花紋。

丹字撰著，另者藏諸皇家或某祕密之處，以避免流入人間，暴露皇室若干「祕辛」，這種情形在一百多年後的蒙古，就曾出現過，以回紇（或畏兀）蒙文書寫的《蒙古祕史》，就只祕藏於蒙古各宗王的宮廷中，一般人無緣見到。

目前在內蒙古自治地區發現頗多遼代墓葬，其中墓誌銘多以契丹字書寫，一旦能夠完全解讀，對遼史必然會有補充的價值，如果未來有更多的考古發掘，或許會出現類似《蒙古祕史》之書出現，等於爲遼史研究開啓一條康莊大道，這是何等令人期待！

四、研究契丹字有助對漢字源流的認知

無論契丹大字，或契丹小字，都是擷採漢字的筆畫，而漢字自甲骨文至唐宋時期之楷書，在字形甚至字畫上曾有多次變革。契丹在建立政權時，統治階層對漢文化已有相當認識，否則如何能從漢字筆畫中擷採所要的部分作契丹大、小字的符號？這對研究漢字變化應該具有參考作用。

五、從契丹字借詞中，可探求漢字在中古時的讀音

無論契丹大字或小字，都引進相當多的漢語借詞，而契丹字，尤其是契丹小字幾乎完全是拼音文字，也就是說是表音的文字，只要能掌握字母讀音，拼出來的字即爲其讀音。契丹大、小字既然有許多漢詞借詞，而契丹字又是拼音文字，所以契丹大、小字一旦能夠完全解讀，對於探索中古時代漢字讀音將有莫大助益。

自從一九二〇年代陸續出土若干契丹文字後，就引起中外學者的重視並投入精力加以研究，逐漸形成一種

學術領域。從出土的材料看，以契丹小字比較多，因此也比較容易入手，二十世紀對契丹文字的研究，曾先後掀起三波高峰期，最初從一九三三至一九三五年，由王靜如、羅福成、厲鼎煃三位學者投入心力研究契丹文字，成就有《遼陵石刻集錄》、《遼道宗及宣懿皇后契丹國字哀冊初譯》（刊載於王靜如，《國立中央研究院歷史語言研究所集刊》，此處引自《中國文明史・宋遼金時期》，頁一〇二）、《契丹國字再釋》；及至一九五〇年代初期有日本學者山路廣明、村山七郎、長田夏樹、愛宕松男、田村造實等掀起契丹小字第二波研究高峰期；到了一九六〇年代初期至中期，俄國學者沙夫庫諾夫、達思令、魯多夫、斯達里科夫等人都對契丹小字作了相當研究，發表不少文章，這些人的研究，可以看成是第二波高潮的餘韻；中國在歷經文化大革命之後，學術研究得到進一步解放，由北京中國社會科學院組成契丹文字研究小組，集中諸多學者的心力，於一九八五年完成《契丹小字研究》巨著，掀起契丹文字研究的第三波高潮，在這之後仍陸續有若干論文發表。

雖然以往的研究已有可觀的成果，而且出土的材料也不少，但是仍然缺乏漢字、契丹字相對照的材料，很難作深入的突破，因此難以對契丹文字作更進一步的研究，所以後續的研究進展緩慢，更難有突破，不過從既有的材料及研究成果看，契丹文字由於借用若干漢字如「皇帝」、「太后」、「玉」，而且是音、義都借，就這個角度看，契丹文字中有一些字是表意文字或視覺文字，但是契丹大字的其他部分及契丹小字又近乎是表音文字或聽覺文字，像這混表音、表意爲一體的文字，可說是世所罕見，無獨有偶，同屬阿爾泰語系的日本語，借用漢字的偏旁創制了日文，其中也有若干完全借用漢語（文）詞彙，而且也是音、義全借，這種現象頗值得注意。契丹文字的研究，在上個世紀曾掀起三波高潮，但是以言完全解讀契丹文字，似乎還有很長也很艱鉅的路，等待著學者的努力，非常期待有志於民族史研究者的投入，使神祕、難解的契丹文字得以完全解讀。

第十一章 雙軌政制成定規，從此歷代多追隨

中國自古以來就是由眾多民族所共同建構而成，即使人數最多的漢族，在秦漢時就已經涵蓋了華夏系、東夷系、百越系及荊吳系，後來由於各民族不斷接觸，漢人的內涵也不斷增加，從而也可以了解，古往今來任何一個政權或朝代其統治區內都有許多不同的民族，不同的民族自有其不同的血統、語文、生活習俗，無法以單一律法治理不同民族。

諸胡列國時代

尤其諸胡列國時代，北方諸草原游牧民族紛紛在中原建立政權，如匈奴系民族建有漢趙、赫連夏；鮮卑系民族建有前燕、後燕、西燕、南燕、北燕（後入於馮氏之手）、代、南涼、西秦；氐族建有成漢、前秦、後涼；羌族建有後秦；羯族建有後趙；瀘水胡沮渠氏建有北涼等，一時之間各胡族都成為統治民族，然而在這些胡族所建政權疆域內，被統治的人民仍然以漢人居絕對多數，胡漢民族各有其傳統文化及成長背景，既不能以少數胡族傳統簡約的律法來規範居多數的漢人；反之，也不能用漢人經長期經驗累積出的鉅細靡遺典章，來約束北方草原游牧民族，在此種兩難情況下，當時的統治者決意以胡法治胡族，以漢法治漢人。

> **赫連夏**
>
> 劉勃勃所建，建國後改姓赫連，所以一般文獻稱之為赫連勃勃，於是又有一些人以為「赫連」是匈奴話，其實「赫連」仍是漢語。劉勃勃建立夏政權時，明確表示：「……子而從母之姓，非禮也。……帝王者繫天為子，是為徽赫，實與天連，今姓名赫連氏……」詳見《晉書・赫連勃勃載記》。

游牧民族乃是逐水草而居，所以又稱之爲「行國」，行國的始祖是匈奴。《史記》、《漢書》、《後漢書》、《晉書》等正史對匈奴的國家行政組織都有頗詳細的描述，由於文字相當瑣細，這裡就不予引錄，但是爲明瞭起見，以表格方式呈現如後。

匈奴單于一系姓欒鞮氏（《後漢書》作虛連氏），國內貴族有呼延氏、蘭氏、須卜氏，後來又增加了喬林氏，據《後漢書・匈奴傳》稱：「呼延氏爲左，蘭氏、須卜氏爲右，主斷獄聽訟，當決輕重。」可見匈奴帝國也有章法，並作相當分工。

從《史記、匈奴傳》等史料中，可知匈奴單于同姓貴族多有封地，所以主兵在外；異姓貴族（或作貴種）則主政而居內，從而可知匈奴帝國也有一定的制度；《後漢書》稱匈奴「其大臣貴者左賢王，次左谷蠡王，次右賢王，次右谷蠡王，謂之四角；次左右日逐王，次左右溫禹鞮王，次左右漸將王，是爲六角，皆單于子弟次第當爲單于者也。」從這段記載可以很清楚看出規定單于之位的繼承順序，必須注意的是：匈奴將國家分爲左、右、中三大部分，單于居中，以控制其左右，也可收左擁右戴之功，這種布署方式對後代所有草原游放民族都具有啓迪作用。

這一套行政組織，用以治理草原上的游牧部落可能相當有效，可是當北方游牧胡族進入人口密集的中原地區後，原有的那一套行政組織對務農的漢人而言，就派不上用場。中原漢人自秦統一天下後，廢封建置郡縣，到了漢代在郡縣之上增加「州」一級，從此遂成爲定制，直到元代始另創行省制。

自從西晉惠帝永安元年（西元三〇四年）匈奴族建立漢趙政權之後，北方草原諸游牧民族紛紛在中原建立政權，胡族成爲統治者，既不能以傳統的胡族將人民分爲左、中、右三部

匈奴行政組織表

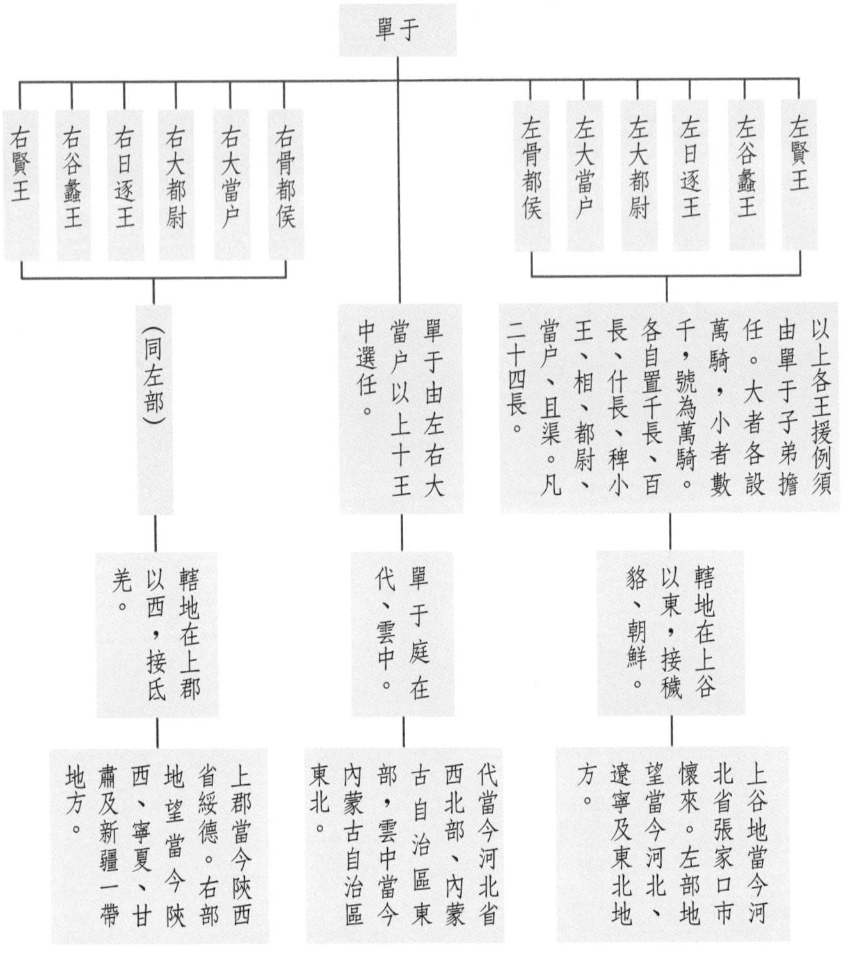

過游牧生活，當然也不能將包括統治者在內的各胡族，編入州、郡、縣過定居務農生活，最早在中原建立漢魏式政權的漢趙政權，就採行胡、漢分治的雙軌政制，或稱二元政制，大致情形如下：

（一）仍然沿用自秦漢以至魏晉之郡縣或州郡縣制，以統治中原地區之漢人。

（二）對於胡族，則以胡族傳統部落制所習用之單于制統治，另爲加強軍事控制以維持統治者之武力，而實行軍鎮制，據《晉書・卷一〇二・劉聰載記》所述：「置輔漢、都護、中軍、上軍、輔軍、鎮、衛京、前、後、左、右、上、下軍、輔國、冠軍、龍驤、武牙大將軍，營各配兵二千，皆以諸子爲之。左、右司隸，各

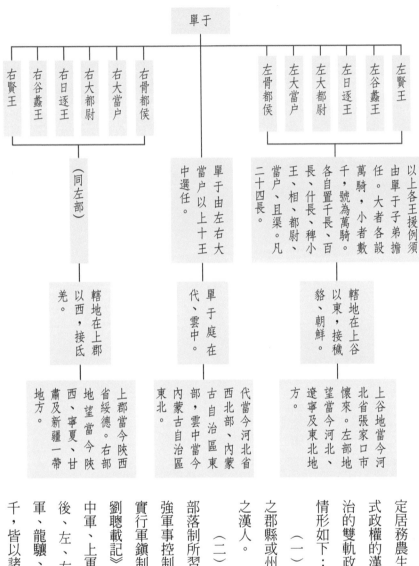

領戶二十餘萬，萬戶置一內史，凡四十三內史。單于左、右輔，各主六夷十萬落，萬落置一都尉。」

以上引《晉書》，可以知曉所置輔漢等大將軍，皆以「諸子爲之」其成員爲胡族當無疑問，至於左、右司隸各領二十餘萬戶，萬戶置一內史，凡四十三內史，則爲所轄之漢人，左、右司隸各領二十餘內史，則應爲州郡縣制之變形，不稱州牧郡守縣令而稱內史。至於單于左、右輔，已明白指出「各主六夷十萬落」，萬落置一都尉，其所統者以「落」計，爲胡族當可確定，而單于左、右輔統於單于或單于臺或大單于，茲以諸胡列國劉聰之漢趙雙軌政制圖示如下。

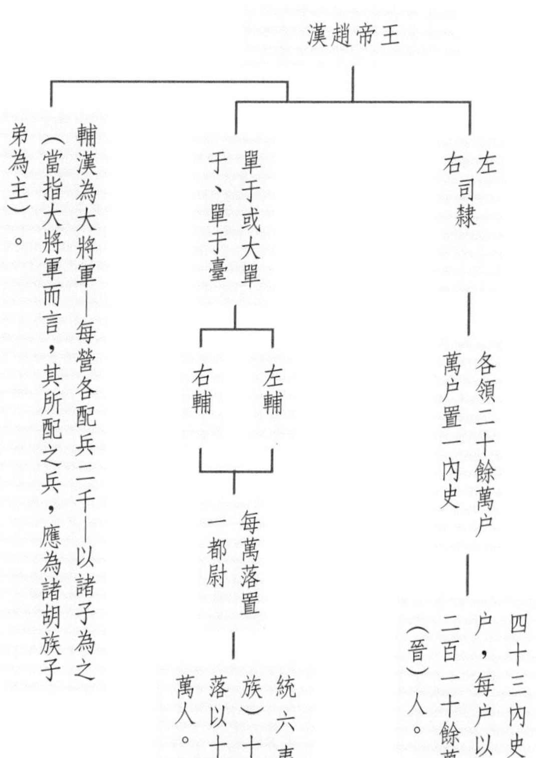
四十三內史即四十三萬戶，每戶以五口計之約二百一十餘萬口，均為漢（晉）人。
統六夷（皆為胡族）十餘萬落，每落以十人計約百餘萬人。
輔漢為大將軍—每營各配兵二千—以諸子為之（當指大將軍而言，其所配之兵，應為諸胡族子弟為主）。

從下表可以明白看出屬單于系統者，以「落」爲單位，每一「落」既是基本之生產單位，也是作戰單位；每一落之男子既是生產者，同時也爲兵士，每營有二千落，置一將軍，以「諸子爲之」，正是以單于子弟爲每一營之首領，此正是北亞草原游牧民族傳統之部落組織，此時雖無後世軍鎮之名，但已有後世軍鎮之實，而成爲軍鎮制度之濫觴。

從此之後，諸胡列國多設有單于臺或燕臺之類組織，或者雖未設此類組織，但是統治者往往對被統治的各胡族自稱大單于，對被統治且居多數的漢人則稱皇帝，其情況如附表。

下頁表所列僅諸胡列國之中實行

胡族稱號情況

國名	時間（西元）	稱號情況	資料出處
前燕	西晉懷帝永嘉三年（西元三〇七年）	慕容廆自稱為鮮卑大單于。	《晉書・慕容廆載記》、《資治通鑑・卷八十六》
	東晉元帝建武元年（西元三一七年）	東晉元帝以慕容廆為大單于、昌黎公。	《晉書・慕容廆載記》、《資治通鑑・卷九十》
	東晉成帝咸和九年（西元三三四年）	東晉成帝拜慕容皝為大單于、遼東公。	《晉書・慕容皝載記》
前秦	東晉穆帝永和六年（西元三五〇年）	蒲洪自稱大將軍、大單于、三秦王，改姓苻氏。	《晉書・苻洪載記》、《資治通鑑・卷九十八》
	東晉穆帝永和八年（西元三五二年）	苻健即帝位，以大單于授其子萇。	《晉書・苻洪載記》、《資治通鑑・卷九十九》
後秦	東晉穆帝永和十二年（西元三五六年）	姚襄叛東晉，自稱大將軍、大單于。	《晉書・姚襄載記》
	東晉孝武帝大元九年（西元三八四年）	姚萇自稱大將軍、大單于、萬年秦王。	《晉書・姚萇載記》、《資治通鑑・卷一〇五》
西秦	東晉孝武帝太元十年（西元三八五年）	乞伏國仁自稱大都督、大將軍、大單于、領秦、河二州牧；以獨孤匹蹄為左輔，武群勇士為右輔。	《晉書・乞伏國仁載記》、《資治通鑑・卷一〇六》
	東晉孝武帝太元十三年（西元三八八年）	乞伏乾歸繼位後，眾推其為大都督、大將軍、大單于、河南王。	《晉書・乞伏乾歸載記》、《資治通鑑・卷一〇七》
	東晉孝武帝太元十七年（西元三九二年）	乾歸猶稱大單于、大將軍。	《晉書・乞伏乾歸載記》
南涼	東晉安帝隆安三年（西元三九七年）	禿髮烏孤自稱大都督、大將軍、大單于、西平王。	《晉書・禿髮烏孤載記》、《資治通鑑・卷一〇九》
赫連夏	東晉安帝義熙三年（西元四〇七年）	赫連勃勃自稱大夏天王、大單于。	《晉書・赫連勃勃載記》、《資治通鑑・卷一一四》

雙軌政制的政權，後來鮮卑拓跋部建立北魏，統一北方，形成與南朝宋齊梁陳的南北對峙之局。

從《魏書．官氏志》可以看出北魏仍然設置南、北部，各置大人以統之，《魏書》如此記載：「魏氏世君玄朔，遠統□（原文缺）臣，掌事立司，各有號秩。及交好南夏，頗亦改創。昭成之即王位，……其諸方雜人來附者，總謂之『烏丸』，各以多少稱酋、庶長，分爲南北部，復置二部大人以統攝之。時帝弟觚監北部，子寔君監南部，分民而治，若古之二伯焉。

太祖登國元年，因而不改，南北猶置大人，對治二部，……皇始元年，始建曹省，……四年七月，罷匈奴中郎將官，令諸部護軍皆屬大將軍府。……泰常二年夏，置六部大人官……」。

遼代．白釉獅俑　形象威猛、動態可掬、怒目凝視、雙耳直立、聚精悍發、生動逼真，承有晚唐遺風，屬遼代佳品。

可見自諸胡列國以至北朝，事實上都在實行雙軌政制，但是尚未形成明文式的制度，必待契丹所建的遼朝後，才正式形成雙軌政治制度。

契丹二元制

契丹族興起於東北松漠之間，建立遼朝後，統治區域廣闊，尤其後晉石敬瑭割燕雲十六州予遼後，疆域更包括華北北部，境內民族複雜，除契丹人、漢人外，尚有肅愼系女眞、渤海族、奚、諸部室韋、突厥、阻卜、敵烈、烏古等民族，所以說遼朝是一個多民族構成的國家，乃是個不爭事實；這些民族中，有純游牧生態的，如蒙兀室韋、阻卜等；也有漁獵生態的，如女眞；漢人則是純農業生活方式，契丹人則游牧、漁獵兼而有之；

因此這些民族各有傳統生活模式與歷史傳承。

在遼朝疆域之中，契丹人雖是統治民族，但在人數上卻是少數民族，反而是被統治的漢人，在人數上居於絕對多數；漢人，無論語言文字、民族源起、生活習俗，與統治者契丹人或其他少數民族，都有極大的不同，契丹所建立的政權，不是游牧式的汗國，而是漢魏式的王朝，統治者既要統治中原地區人數眾多的漢人，又要統治東北、北方、西北地區各種生活背景不同的胡族，於是產生了雙軌政治制度。

據《遼史・百官志》載：「契丹舊俗，事簡職專，官制樸實，不以名亂之，其興也勃焉。太祖神冊六年（西元九二一年），詔正班爵。至於太宗，兼制中國，官分南北，以國制治契丹，以漢制待漢人。國制簡樸，漢制則沿名之風固存也。遼國官制，分北、南兩院。北面治宮帳、部族、屬國之政，南面治漢人州縣、租賦、軍馬之事。因俗而治，得其宜矣。」

從上引《遼史・百官志》，可知契丹自遼太宗兼制華北之後，即採二元政制，所謂「官分南北」，其北面官（或稱北樞密院）治宮帳、部族、屬國之政；南面官（或稱南樞密院）治漢人州縣、租賦、軍馬之事，實爲典型之雙軌政制。

然則其北、南面官之內情究竟爲何？也有加以討論之必要，據前引遼史所稱其所以官分南北者，在於「因俗而治」，所謂「因俗而治」，當可解釋爲因其傳統習俗而有不同的治理方式，不僅如此，連各個不同民族的傳統服飾也不予改變，《遼史・卷五十五・儀衛志》載：「皇帝與南班漢宮用漢服，太后與北班臣僚用國服。」從此項引文可知不僅政制二元，文化習俗也爲二元。談遼代官制時，務須了解二元政制，否則難如眞相，此然誠如遼史百官所稱：「初，太祖分迭剌夷離菫爲北、南二大王，

阻卜

阻卜是一個很難釐清的名詞，或說阻卜就是韃靼，或說阻卜源於突厥，或指阻卜出於唐古特（党項羌之一種）。可算是眾說紛紜，莫衷一是，詳情請參看何光岳《東胡源流史》，江西教育出版社，二〇〇四年，頁四一一～四一八。

謂之北、南院。宰相、樞密、宣徽、林牙，下至郎君、護衛，皆分北、南，其所治皆北面之事。語遼官制者不可不辨。」

由此可知，欲了解契丹之二元政制，對其北、南面官制，須先加以探討，茲先就契丹之疆域及其劃野分川之情況酌予說明，據《遼史・卷三十七》所載，遼共轄：「五京、六府、州、軍、城百五十有六，縣二百有九，部族五十有二，屬國六十。」遼之五京爲全國中心，並依此五京分全國爲五道，其五道五京分別爲：

上京道：治所在上京臨潢府，地當今內蒙古自治區赤峰市。

中京道：治所在中京大定府，地當今內蒙古寧城縣大明城。

東京道：治所在東京遼陽府，地當今遼寧省遼陽市。

南京道：治所在南京析津府，地當今北京市。

西京道：治所在西京大同府，地當今山西省大同市。

遼代・白釉瓷俑武將俑

在道之下設州、縣、部族制及負責邊疆地區之軍政機構等三種行政系統，至於州，有一般傳統之州及頭下軍州兩種。遼代對北方之統治措施，較諸以往任一朝代更爲完整，茲僅就部族制及北面部族官、北面屬國官之情況加以探討，用以了解契丹之二元政制，至於南面官制，大體而言與漢魏晉以來之制度，並無太大區別，是以不贅述。

契丹對境內除漢人外是採「因俗而治」，亦即採各部族傳統之部族制，而此部族制又分爲直屬於朝廷之部族與附屬於朝廷之部族兩種，皆屬北面官。直屬於朝廷之部族，地方首長稱「北面部族官」；附屬於朝廷之部族，地方首長稱「北面屬國官」。茲分別敘述如次：

（一）北面部族官：直屬契丹朝廷之部族，包括契丹在內，漢族以外之所有部族；其中又有大、小部族之分，大部族指五院部、六院部、乙室部及奚六部，長官稱大王，亦即四大王府；小部族有四十九部，每部長官爲節度使，既是領兵軍官，復爲行政長官，屬軍政一元式。據《遼史・兵衛志》載：「眾部族分隸南北府，守衛四邊，各有司存。」可見部族無分大小，皆有戍邊任務。

（二）北面屬國官：附屬於朝廷之「屬國」、「大部」及「諸部」，據《遼史》所載：「遼制，屬國、屬部官，大者擬王封，小者准部使」之原則，其中「諸國」、「大部」是大部族，給予「擬王封」，每部置王府或大王府，如女眞國順化王府（今吉林省敦化市一帶）、南女眞國大王府（今遼東半島）、長白山女眞國大王府（今長白山、圖門江以南之中韓交界）、瀕海女眞國大王府（今黑龍江下游、烏蘇里江以東之俄羅斯境內）、阻卜國大王府（今呼倫貝爾池及克魯倫河以南一帶）、西阻卜國大王府（今額爾古納河流域一帶），北阻卜國大王府（今蒙古國鄂嫩河一帶）、西北阻卜國大王府（即所謂「達旦九部」，今蒙古國杭愛山以東一帶）、黠戛斯國王府（今俄羅斯境內貝加爾湖以西）、斡朗改國王府（今外興安嶺以西至貝加爾湖一帶）、室韋國王府（今外興安嶺以南、嫩江上游及黑龍江中上游一帶地方）、鐵驪國王府（今黑龍江呼蘭河上游、松花江北岸地區）、迪烈德國王府（今克魯倫河下游中俄境內）、越里國王府（今混同江西岸俄羅斯境內）、鼻骨德國王府（今黑龍江、松花江匯合以北之俄羅斯境內）、三河烏古國王府（今額爾古納河以東一帶地方）、回跋部大王府（今吉林盤石、海龍及輝南一帶地方）及黃龍府女眞部大王府（今吉林省農安縣一帶）等。

至於「諸部」，指的是小部族，計有六十一部，均給以「准部使」，即每部置節度使，主要之「諸部」有兀惹部（今黑龍江通河、松花江南北一帶）、茶札剌部（今俄羅斯境之石勒喀河以南、滿州里以北一帶）、梅里急部（今色楞格河及鄂嫩河下游一帶地方）、耶覩利部（約今蒙古國杭愛山以東一帶地方）、粘八葛部（今蒙古國阿爾泰山東、西，東至杭愛山，西抵額爾齊斯河一帶地方）。

以上北面部族官一切均聽命於朝廷，對內並無自治權，是以兩者各自分立置官；北面屬國官則皆為地方行政機構之長官，既掌軍權復管民政，屬國官之產生，多由朝廷就各部之酋長加以任命，雖聽命於朝廷，但對部內仍有些許自治權；但無論「屬國」或「諸部」的各級官員，任命權仍在朝廷手上，絕不容許各部自行產生。《遼史、百官志》載，遼聖宗統和八年（西元九八三年），「諸部」之一的「劃離部」奏請「請今後詳穩當於部人內選授，（朝廷）不許」這就突顯出遼朝的中央集權。

（三）設置邊區軍政機構及北面邊防官：遼朝為鞏固邊防及強化對邊區的統治，曾先後設置統治各屬國、諸部及負責邊區之統治的機構，據《遼史・百官志・北面邊防官》載：「上京路諸司，控制諸奚」、「遼陽路諸司，控制高麗」、「長春路諸司，控制東北諸國」、「西京路諸司，控制西夏」、「西北路諸司，控制諸國」，此外還設有「東北路諸司」、「東路諸司」等，這些「諸司」的層級顯然高於諸屬國、諸部，為軍政合一的機構，茲就其中較重要的幾個司略加介紹。

西北路招討使司：據《遼史・百官志》載，此司設有「知西北路招討事、有監事。」轄境為上京道之西部及西北部，大致西起今蒙古國克魯倫河，東至額爾古納河，北抵色楞格河，南至大漠；也就是今日的蒙古國東部及內蒙古自治區之呼倫貝爾西部，此一招討使司治所在鎮州（今蒙古國北方布爾干省）。西北路招討使司為遼朝極為重要之邊地重鎮，朝廷極為重視，據《遼史・地理志》載，該處「選諸部族二萬餘騎充軍屯，……凡有征討，不得抽移。」可見這一招討使司顯然在防範已經有崛起徵兆的蒙古室韋，即日後的蒙古。

烏古敵烈統軍司：轄境為上京道東部，西臨西北路招討司，東至嫩江，南抵大興安嶺，北至今俄羅斯鄂嫩河上游，治所為河董城（今蒙古國東部喬巴山市）。

東北路統軍司：為東北諸部之最

高軍政機構，轄東京道全境，到遼境極東太平洋濱之靼韃海峽，等於完全囊括整個渤海國。遼朝是中國正統王朝，而且是國祚超過二百年的五個王朝之一，可以看出遼朝疆域之廣闊，較之漢、唐毫不遜色。

契丹人所建的遼朝，是第一個把雙軌政治予以制度化的朝代，從此之後，雙軌政制就成為由廣土眾民所構成之中國的政治常態。自諸胡列國時代開始推行雙軌政制以至當代，時間長達十五個世紀以上，空間則漸見縮小，遼時東北尚達太平洋濱之靼韃海峽，西遼則更將之推廣至中亞之河中地區，元時涵蓋今蒙古國，清時更推行至今新疆地區。

而在推行雙軌政制時，在心態上也有所不同，諸胡列國以至北魏孝文帝時，推行雙軌政制是便於治理不同的民族，終極目的是要達成民族融合，以塑造整個中國民族，但是無論文化混融或民族融合，都需要安定的環境與漫長的時間，諸胡列國時代，每個政權國祚都不長，兼以社會動亂不已，胡漢雖有融合之事實，但成效並不顯著，到北魏孝文帝時，始有全面推行華化之舉。

可惜孝文帝自推行全面華化至崩卒前後不過五、六年，而且是以行政命令強力推行，自然會引起反彈，所以北魏後期、東西魏及至北齊、北周又見全面鮮卑化，這就證實了文化混融是要在自然且無外在壓力下進行，才會得到成果，但無論如何，自諸胡列國至北魏，確實是要混融胡漢文化、塑造國族，考諸史實應無庸置疑。

契丹以胡族入主中原建立遼朝，首度將雙軌政治制度化，惜乎其時胡族分支多、分布範圍過廣、彼此文化差異太大，加上整個遼朝缺乏人才，所以雖有心致力文化混融、民族融合，卻是力有未逮，而且遼時對契丹人犯法往往輕縱，洪皓就曾於其《松漠紀聞》中指出：「遼制，契丹人殺漢兒者不加刑。」這明顯也讓人有民族歧視之感。

但若從法律層面來看，或許並不盡然。前已述所謂雙軌制「以國制治契丹，以漢制待漢人」，雙方所據法律基礎不同，況且據《遼史・刑法志》載，遼太祖耶律阿保機曾於神冊六年（西元九二一年）「詔大臣定治契丹及諸夷之法，漢人則斷以律令」。或許當時所定「治契丹及諸夷之法」本諸北方胡族政輕刑簡原則，所以較漢人律令爲寬，由是令漢人深感不平，不過這種情形乃在遼朝創建伊始，稍後顯然已有改變。

遼朝建國之初，南、北面官制還不十分明確，乃設「漢兒司」，以漢人大臣一人總知漢人司事；及至遼太宗進入開封後，始沿襲晉時制度，置樞密使「掌漢人兵馬之政」（《遼史・百官志三》），遼朝朝官有三公三師（指太尉、司徒、司空及太師、太傅、太保）、中節（初名政事）、門下、尚書三省、御史臺、翰林院（又稱南面林牙）、國史院、太常寺（掌禮儀、宗廟祭祀及文化教育諸事）及諸監、衛。

南面朝官不分南、北，沿襲漢制稱左、右，如左丞相、右丞相等，官員以漢人爲主，間用契丹人，但統稱之爲「漢官」，這些「漢官」就是統轄漢人之官；至於漢人聚居之地，也沿襲唐代制度設節度使、觀察、防禦、團練、統軍、招討等使及刺史、縣令等，只是《遼史》僅列官名，未載詳情，所以難以進一步探討。

至於北面官，上文曾提到若干官職名稱，另也提到遼代所建的十二宮一府，在此有必要再加以敘述，尤其遼代所獨創的宮帳制度最爲奇特，各宮或王府都設有親兵與門客，也就是部曲，以之作爲宮衛，其後更增加員額，以降俘人口、州縣民兵、部落人民及若干罪隸者納入宮戶，如史傳所載：「皇帝即位，凡征伐叛國俘虜人民，或臣下進獻人口，或犯罪沒宮戶，皇帝親覽閒田，建州縣以居之，設官治其事。」（《遼史・禮志》）

此等宮戶日漸擴增，又在政府體制之外，不對國家繳納稅賦，形同國中之國。不僅如此，在北面官中又有所謂北面御帳官、北面著帳官、北面皇族帳官、北面諸帳官、北面宮官等設置，名目繁多，其規模均甚龐大，如北面御帳官下設侍衛司、近侍司、近侍詳穩司、北護衛府、南護衛府、奉宸司、三班院、宿值司、硬寨司、皇太子惕隱司等，此等人員皆是不事生產者。

至天祚帝即位時，宮衛戶人丁急遽增加，總計十二宮一府共二十萬五千戶，計四十一萬丁。《遼史》所載宮丁數皆爲戶數之倍，宮衛戶丁總數，據《遼史・管衛志》所載爲二十萬三千戶，四十萬八千丁，小有錯誤，今據馮家昇之《遼史初校》改正如此項數字，請參見張正明所著《契丹史論》一書（臺北弘文館出版社印行，一九八八年，頁一〇五）。當時遼全國總戶數約有一百萬，則宮衛戶約占五分之一。而宮衛所擁有之土地，無論其爲可耕之地，或草原可供牧畜，縱或爲山林、苑囿，均屬皇室直接占有，地方官府無權過問，更無論管理、徵稅。

宮衛之屬戶，統稱宮戶，或稱宮分戶：宮戶又分「正戶」與「蕃漢轉戶」兩種，正戶爲契丹人，蕃漢轉戶爲漢人或其他民族；十二宮一府總計有正戶八萬一千戶，蕃漢轉戶十二萬四千戶。試想如此龐大人口，均不事生產，或縱有生產，均歸皇帝宮廷所有，而總數竟占全國總戶數五分之一強，國家財政寧有不陷入窘境者？於是遼不得不加重稅賦，以挹注國家開支；因此人民負擔增加，爲逃避稅賦，往往隱匿人口，或依附豪門巨族成爲部曲。

如此陳陳相因，政府財政猶如雪上加霜，民生益形凋敝，爲求苟延殘喘，鋌而走險者所在多有。其情況恰如當時彰愍宮使蕭韓家奴對遼興宗所稱者：「比年以來，群黎凋弊，良民往往化爲兇暴，甚者殺人無忌，至有亡命山澤，基亂首福。」（《遼史·禮志·蕭韓家奴傳》）

此爲遼興宗時的社會情況。興宗是遼第八帝，所處時代尚屬遼之盛世，情況已是如此；興宗之後，遼勢更衰，而宮衛人員又日益擴充，所謂生之者寡，食之者眾，國勢焉能不趨於衰微。更重要者乃宮衛之龐大人口來源，如前所引《遼史·禮志》稱有得自征戰擄來之人口，臣下進獻之人口，照常理推論應爲漢人或其他胡族，及犯罪皆沒宮戶，一旦沒入宮衛，則形同宮衛之奴僕，毫無人身自由可言。

不過整體而言，遼代北、南分治之雙軌政治制度，對於多民族所構成之國家，有其特殊意義；遼朝將雙軌政制予以法治化，對之後所有建立政權者，樹立處理少數民族事務之典範，就此點而言，有遼一代在政治制度設計上，自有其歷史貢獻。

遼代的雙軌政制是中國歷史實施雙軌政制並使之制度化的第一個朝代，雖然其中或多或少帶有重契丹、輕漢人的色彩，但大致上還是朝向民族融合的方向，只是文化混融、民族融合需要很長的時間始能看見成效，而遼代自興宗之後已步入衰微，自然更無力推動民族融合工作。

中國歷代「治邊」政策之完善，當然首推清代，清的典章制度之完備、分官設職之詳細，都可從《大清會典．理藩則例》中看出，但如詳讀文獻，就能看出清代處理胡漢文化及民族融合問題的核心，是從分化的角度出發。例如禁止蒙漢聯姻、禁止蒙人學漢語文、禁止蒙人取漢姓名、不准建造房屋演講戲曲等。

《理藩則例》第十九章〈禁令〉載：「（嘉慶）二十年諭，近年蒙古，漸染漢民惡習，竟有建造房屋聽戲曲等事，此已失其舊俗，茲又習邪教，尤屬非是，著交理藩院通飭內外諸札薩克部落，各將所屬蒙古等妥爲管束，俾各遵舊俗，仍留心嚴查，僅有游民習學邪教，即拏獲報院治罪。

（嘉慶二十三年）又奉旨，近日蒙古王公，豢養優伶，大改敦樸舊習，殊爲忘本逐末，嗣後各蒙古部落挑取幼丁演戲之事，著永遠禁止。

（道光）十六年，嗣後蒙古人，只准以滿洲蒙古字義命名，不須取用漢人字義。

（道光）十九年……又定，王公臺吉等，不准延請內地書吏教讀，或充書吏，違者照不應重私罪議處，書吏遞籍收管。

（咸豐）三年諭，蒙古人起用漢名，又學習漢字文藝，殊失舊制，詞訟也用漢字，更屬非是，著理藩院通諭各部落，嗣後當學習蒙文，不可任令學習漢字。」

清朝雖然有完善的「治邊」政策與法令規章，但是出發點不是促進民族融合，而是要維持各民族隔閡狀態，甚至以律令禁止民族融合，這與自諸胡列國時代以至遼的民族政策有絕對的不同。

契丹的雙軌政制成效對文化融合的幫助來看，以乎不太顯著，縱然如此，蒙元入主中原後，將人民分爲四等：蒙古、色目、漢人及南人，其中漢人就是指中原地區女真金統治下的漢人、契丹人、女真人、渤海人等，也可看出元初中原地區之漢人、契丹人已無太大區別，足證契丹的雙軌政制確實還是多少有達到促進胡漢文化混融、民族融合之功能。

第十二章

孤臣孽子何處去，大石林牙走西域

耶律大石

金兵步步進逼遼廷後，天祚帝出逃至夾山（今內蒙古自治區薩拉齊西北大陰山一帶），整個大遼亂成一團。遼南京析津府更是被金兵重重包圍，城內人心惶惶，民心不穩。這時有一個人站了出來，將搖搖欲墜的遼國暫時穩定下來，此人即爲耶律大石。

耶律大石字重德，據《遼史》載，他是遼太祖耶律阿保機的八世孫，於天祚帝天慶五年（西元一一一五年）考上進士，之後被拔擢爲翰林承旨，翰林在契丹語中讀作「林牙」，所以許多文獻都稱耶律大石爲大石林牙。不過也有一些西方文獻認爲「大石」是「太子」的契丹語音譯。

據史傳載，耶律大石儀表堂堂，生性沉穩內斂，精通契丹文與漢文，曾任泰州、應州刺史，以及遼興軍節度使。《遼史》還說他善騎射，是文武兼備的人才。

當天祚帝藏身夾山，讓整個遼中樞無主時，耶律大石挺身而出，擁立興宗四子耶律淳爲帝，以安定民心，激勵城內守軍的士氣。

耶律淳史稱天錫皇帝或宣宗，一般文獻稱耶律淳臨時組立的小朝廷爲「北遼」或「後遼」。耶律淳少不更事，加之又體弱多病，朝中大小事均取決於耶律大石。

耶律大石挺身而出後，城內軍民有了依靠，都振作起來。經過收編整補之後，可以作戰軍民達三萬多人，在耶律大石精心訓練之下，成爲一支勁旅，只等痛擊來犯的金人。

立耶律淳之因由

耶律大石可能跟帝系血緣比較疏遠，不可自立為帝，故擁立與帝室血緣較近的耶律淳為帝，以便於號召軍民。

再加上即使天祚帝棄國而逃，但他仍然是遼的正統君主，如果耶律大石自立為帝，一旦天祚帝現身，自己難逃篡逆之罪，聰明如耶律大石，當然不會犯下這個錯誤，所以他擁立耶律淳為帝。

可是這時金國卻按兵不動，南方的北宋卻想趁此機會犯遼，於是出動由大將種師道所率領的西北勁旅等所部約二十萬，浩浩蕩蕩殺向遼南京。耶律大石臨危不亂，指揮若定，經過兩場戰役，遼軍只有小傷亡，而宋軍卻是死傷累累，只得倉惶而逃。北宋又以童貫爲帥，再度領兵進犯北遼。童貫雖貴爲太師，可是卻不懂軍事，一戰下來，也只落得倉皇逃遁。耶律大石連得兩場大捷，南京內一片歡呼，遼國似乎復興在望。

正當南京內軍民陶醉在勝利的氣氛中時，耶律淳卻病故了。耶律淳的蕭德妃才貌兼備，因此耶律大石在和宰相李處溫、奚人蕭幹等重臣商量後，決定擁立蕭德妃爲太后，由她出面主持國政。但位極人臣的李處溫父子卻居心不良，雖貴爲宰相卻暗中勾結北宋童貫，希望透過兒子侍衛蕭太后的機會，探聽遼朝軍情，提供給童貫以邀功。

耶律大石顯然不是只會作戰，對於李處溫父子的狼子野心，他也洞察秋毫。就在李侍衛綁架蕭太后要上路時，耶律大石早就帶了人馬在半路上攔截，揭穿李氏父子的陰謀。

北宋原想透過諜報戰攻下遼國，但是此舉失敗，無法裡應外合，而大軍已發兵，箭在弦上不得不發，只好發動強攻。眼見北宋大軍壓境，耶律大石和蕭幹率領遼軍應戰，宋、遼兩軍在瀘溝河一帶決戰，宋軍再次大敗。事後宋軍分析，單憑宋軍一己之力很難戰勝耶律大石，必須聯合金兵南北夾擊，令耶律大石無法兼顧，方

白瓷如來佛像　眉目清秀祥和，卷髮髻、大耳雙下巴、上身袒胸、法指罕見。天衣柔雅、雙腿結跏趺靜坐於蓮花座上，從法相覓上承，唐代滋育、兼收宋代薰染，呈現出少數民族獨特的藝術風格。

可取得戰果。

宋、金聯軍作戰後，迂迴攻向居庸關（今北京市西北部）。金軍如初生之犢，銳不可當；又像旭日初升，愈戰愈勇，讓耶律大石率領的遼軍大敗，兵敗之餘不得不攜蕭太后逃離南京，南京析津府落入宋金之手。耶律大石一行一路向西到夾山，希望能找到藏匿於此的天祚帝。在經過長途跋涉後，耶律大石終於在夾山找到天祚帝。

天祚帝耳聞耶律大石擁立耶律淳已火冒三丈，對耶律大石在耶律淳過世後，竟然扶立蕭太后，更是怒不可遏。所以當耶律大石帶蕭太后前來時，天祚帝立刻下令斬殺蕭太后。

天祚帝責問耶律大石：「我還活著，你怎敢擁立耶律淳為帝？」耶律大石早就料到會有此一問，所以氣定神閒地回答：「你以國家元首之尊，不能起而領民抗敵，棄社稷江山於不顧躲在深山，令百姓受盡戰亂之苦。為了拯救千萬黎民，即使是擁十個耶律淳反抗，都比向他人乞求活命強些！」天祚帝不但無言以對，且羞愧無比，只好赦免耶律大石擁立之罪，並且賜以酒食。

此時，天祚帝手中尚有餘兵，考量到耶律大石曾統兵打了幾場勝戰，且他也是帶兵前來，乾脆讓他統率所有軍隊，以求暫時自保。耶律大石擁有兵權後，極力整補訓練，他知道以目前現有的軍隊，絕不能與金兵正面交戰，一旦正面決戰，眾寡懸殊，遼軍很可能連這最後一點籌碼都保不住。然而金兵希望徹底消滅遼國殘餘的兵力，以免留下後患。幾場正面交鋒後，遼軍大敗，耶律大石被俘。

耶律大石被金兵所俘後，對金國言聽計從，金國爲了刺探他是否心眞心臣服，要他作嚮導帶兵前去抓捕天祚帝，耶律大石也奉命前往，適逢天祚帝出走，耶律大石只逮到天祚帝的兒子，並搜到遼朝傳國玉璽。金國這才相信耶律大石是眞心投降。

其實耶律大石之所以降金，是因爲他看出遼氣數已盡，必須忍辱負重，以待東山再起。耶律大石投降後，金太祖完顏阿骨打賞賜了一個女眞女子做爲他的妻子，名爲賞賜，實際上也是監視耶律大石。可是這個女子一心一意跟定耶律大石，這倒令金太祖始料未及。

耶律大石投降金的幾個月期間，暗中集結七千多士兵，並在某一天帶兵逃回到天祚帝身邊。金太祖一見耶律大石逃跑了，就嚴加烤打耶律大石之妻，可憐她不肯洩露半個字，最後被活活折磨致死。

爲復國入漠北

天祚帝見耶律大石帶兵前來，命耶律大石率領這七千士兵，與金國決一死戰，天祚帝此時兵力不多，更無後勤補給，經濟實力等於零，根本無法與兵多將廣、實力雄厚的金軍對抗。如果耶律大石盲從遵照天祚帝之命令，無異於以卵擊石，必死無疑。

因此經過縝密考慮後，耶律大石決定離開天祚帝，找一塊金、宋、西夏都管不到的地方，積聚實力，重建大遼帝國。

李陵兵敗降匈奴

西漢武帝時，李陵因兵少而又受傷，被匈奴所俘（約西元前九十九年）。李陵本意是待養好傷，再伺機回到漢地，沒想到漢武帝以為他投降匈奴，一怒之下殺了李陵的家人。李陵這才鐵了心，投靠匈奴。

李陵驍勇善戰，他的投降，對西漢而言絕對是一大損失。李陵從假投降變成了真投降，也令人唏噓不已。

遼代・雙獅紋鎏金銀盒　此件飾品是遼太宗會同四年（西元九四一年）的作品，出土於內蒙古自治區赤峰市阿魯科爾沁旗遼耶律羽之墓。耶律羽之是遼國官員。

他左思右想，選中了漠北幾個屬於遼的牧場，其中居住在這裡的韃靼各部落，世代爲大遼豢養馬匹，且金國的力量此時還沒有伸入這裡，於是耶律大石連夜整頓人馬，前去漠北，打算擴充實力。耶律大石此次西走，只帶二百個騎兵、他的家人、以及重要隨從，其餘的兵力都留給天祚帝。爲防消息外洩，他在出發前還殺了北院樞密使蕭乙薛及坡里栝等人，接著才連夜向漠北急奔，越過黑水（今蒙古國愛畢哈河），自立爲王。三天後，耶律大石見到白達達人——詳穩床古爾。

據《遼史・國語解》，詳穩是官名，爲官府的監治長官。床古爾向耶律大石獻馬四百匹、駱駝二十頭，羊若干隻，然後耶律大石一行再向西北，到達遼國最北邊領土——可敦城（遼稱鎮州），位置在今蒙古國土拉河西岸巴彥諾爾附近。經許多學者專家考證，這座城是回鶻（或作回紇）汗國（西元七四四～八四〇年）所建的宮城，可敦則是回鶻語皇后的意思。

耶律大石到達可敦城後，召集武威、崇德、會番、新、大林、紫河、駝刺、達刺乖、敵刺、弘吉拉、茶赤剌、也喜、鼻古德、尼剌、達密里、密兒紀（應即後來的篾兒乞）、合主、烏古里、阻卜、普速完、唐古、忽母思、奚的及糺而畢等各部酋長，公告：「我祖宗艱難創業，歷世九主，經二百年，金以臣屬，逼我國家，殘我黎庶，屠翦我州邑，使我天祚皇帝蒙塵於外，日夜痛心疾首，今我仗義而行，欲借力諸蕃，翦我仇敵，復我疆宇。惟爾眾亦有軫我國家，憂我社稷，思共救君父，濟生民於難者乎？」

這些部落原來都臣屬於遼，聽了耶律大石一言之後，許多部落首領皆深受感動，紛紛捐獻駝馬牛羊，發動族人投入耶律大石麾下，耶律大石於是有了一萬多名精兵。

遠走西域

但僅憑這些精兵，耶律大石還不足以與金國爲敵，且漠北地理環境惡劣，並不是適合的立國之處；再說金國一旦解決遼、宋之後，定會揮師向北。耶律大石了解西域各綠洲國家人少力薄，但資源富饒，經考慮之後，他決定向西發展，於是他設置各級官吏，編組手中兵馬，組成了一支精銳部隊。

一、二年後，即天祚帝保大三年或保大四年（西元一一二三～一一二四年），耶律大石依契丹傳統習俗，以青牛、白馬告祭天地與祖宗，建年號「延慶」，而後整旅西行，沿途不斷召募人員，益形壯大。耶律大石派人致書位於高昌（今新疆維吾爾自治區吐魯番）的回鶻國王畢勒哥，表示遼國跟回鶻長期友好，現在要借道高昌，請求給予方便。

回鶻王畢勒哥接信後，熱烈接待耶律大石一行，大宴三天，然後再送他馬六百匹、駱駝一百頭、羊三千隻，並且派兒子隨同耶律大石前往西域。

西域有兩個意義，狹義西域指今天新疆地區，廣義則包括今天中亞地區。中國人對西域向來充滿好奇心，

白達達

白達達或作「白韃韃」，是指本來不是蒙古族，但是已經蒙古化了的民族，有時也稱「野達達」，簡單說就是蒙古族的旁支或別支。塔塔兒氏、札剌兒氏、汪古部等部即屬於白達達。

耶律大石致畢勒哥書

昔我太祖皇帝北征，過卜古罕城，即遣使至甘州（今甘肅省張掖市。回鶻初由漠北遷甘州，之後再遷高昌），詔爾祖烏母主曰：「汝思故國耶？朕即為汝復之；汝不能返耶，朕則有之。在朕，猶在爾也。」爾祖即表謝，以為遷國於此，十有餘世，軍民皆安土重遷，不能復返矣。是與爾國非一日之好也。今我將西至大食（指中亞信仰伊斯蘭教的各綠洲國家，非阿拉伯帝國），假道爾國，其勿致疑。

西晉時發現的戰國竹簡《穆天子傳》，作者不詳，敘述西周穆王（？～西元前九四七年在位）駕車至西域，並受到西王母熱情接待之事，相傳今天新疆天山的天池就是西王母沐浴之處；另有一說天池是西王母洗腳的池子。可見早在春秋戰國時代，中國人對西域就十分嚮往。

大約在西元前三至五千年，已經有人類在中亞地區活動。據北亞民族史研究發現，在西元前三至五千年時，源起於裡海北岸、高加索山脈，說印歐語的諸多民族，即白種人或高加索種，開始呈輻射狀向外遷徙。其中一部分進入中亞，除了在中亞錫爾河、阿姆河之間停留外，另有一支向東越過帕米爾高原，進入新疆，沿塔里木盆地塔克拉瑪干沙漠南北的綠洲地區定居下來。繼續東進者，就到達今甘肅西部的敦煌與祁連山脈一帶，這就是秦漢之際的烏孫和月氏（音「肉支」）。無論是烏孫、月氏，或塔里木盆地南北各綠洲地區的民族，在兩漢以前都是白種人。經專家研究後，他們是最早馴服馬的民族，人數不多卻驍勇善戰，以近乎所向無敵的態勢，控制廣大地區。

烏孫、月氏因為遇到強悍的匈奴，所以才停留在敦煌、祁連山之間，但他們力量也相當強大。秦漢時期，匈奴頭曼單于曾將兒子冒頓送到月氏為質。後來冒頓逃回匈奴並且殺父自立，他整軍經武，西擊月氏、烏孫，這兩支部落只好向西遷徙到今天新疆西北部伊犁河一帶，後來烏孫在匈奴支持下進攻月氏，月氏再向西徙，征服阿姆河、錫爾河之間的綠洲國家，史料稱這些綠洲國家為昭武九姓諸國，其中以康國（即今烏茲別克撒馬爾罕，Samarqand）最爲強大，但也被月氏所征服。之後，月氏就成爲中亞兩河之間的新主人。

隋、唐之際，突厥興起，征服整個新疆和中亞地區，之後唐太宗李世民先後征服東、西突厥，將唐朝力量伸入中亞，設立許多都督府，以原來昭武九姓各國王爲當地刺史。

唐朝衰微以後，勢力逐漸退出中亞，該地就改由伊斯蘭教國家所控制，政治上與中國已經無聯繫。伊斯蘭力量不斷向東推進，讓天山南北逐漸伊斯蘭化，而此時中國五代政權和遼、西夏相繼崛起，已無力推進與西域的關係。

唐武宗會昌元年（西元八四〇年），漠北回鶻汗國被另一支游牧民族黠戛斯擊破，向西逃亡到高昌，建立起高昌回鶻汗國。回鶻逐漸分布於塔里木盆地各綠洲地區，一部進入中亞兩河之間，建立喀喇汗國。後來喀喇汗國分爲東西兩部分，西汗國在中亞，東汗國則在塔里木盆地，西汗國之西則是花剌子模國（今烏茲別克及土庫曼境內），這大概是十二世紀遼末金初時中亞的概況。

遼代·銀壺　此銀器是遼太宗會同四年（西元九四一年）的鎏金作品，上有孝子圖，出土於內蒙古自治區赤峰市阿魯科爾沁旗遼耶律羽之墓。

西域史書

唐玄宗時，信仰伊斯蘭教的阿拉伯帝國（即漢文史料的大食）崛起，進攻中亞，並與唐西域都護高仙芝於怛羅斯（今吉爾吉斯與哈薩克邊境）大戰，此戰高仙芝大敗，被俘二萬多人，其中一人為史書《通典》作者杜佑之姪杜環。

杜環被俘到阿拉伯十幾年後，才搭船隨阿拉伯商人回到廣州。杜環記錄下在西域見聞，著成《經行記》。杜環之前，北魏後期曾有宋雲等人到天竺（印度）取經途經中亞，著有《宋雲行紀》；唐初僧人玄奘所寫的《大唐西域記》，對當時中亞情形也有很詳實的記載。

古爾汗

耶律大石率領幾萬人離開高昌，繼續西行，到了葉密立城（今新疆維吾爾自治區塔城地區額敏縣）。此地水草豐美，適宜農牧，耶律大石於是在葉密立安營立寨，有意長居於此。這時許多契丹部落眼見耶律大石已在西域立足，便成群結隊、不辭千里地前來投靠。幾年之間，前來投靠的契丹人達一萬六千帳之多，如果以每帳五人計算，就有八萬人之多，不久又有一萬六千帳突厥人來投靠，連同耶律大石原有的人馬，應該超過二十萬人，包括契丹人、漢人、突厥人，或許還有回鶻人。就當時的西域而言，已夠資格號稱爲大國了，耶律大石一展抱負的時候終於到了。

延慶九年（西元一一三二年），耶律大石建國，仍稱「遼」，群臣尊他爲天祐皇帝，史稱「德宗」。耶律大石仍沿用延慶年號，漢文史料稱之爲「西遼」，周邊的民族以及中亞的國家都稱之爲「喀喇契丹」。耶律大石終於建立起自己的國家，眼看就要一圓復國夙願了。

耶律大石開始向外擴張，西遼帝國疆域逐漸擴大，但耶律大石並沒有忘記討伐金國恢復故土，而金國也沒有忽略遼朝這個「遺子」。

當耶律大石離開天祚帝前往漠北尋求物資和人力資源時，金國一方面全力追尋天祚帝，一方面開始與北宋接觸，因此並未對耶律大石多加注意，直到耶律大石經過高昌並擁有相當力量，才引起金的注意。耶律大石

「喀喇契丹」的古爾汗

在突厥系各民族語言中，「喀喇」意為「黑」，除了黑白的黑之外，還可以解讀為「神聖」或「純潔」。所以喀喇契丹既可以解讀為黑契丹，又可以理解為神聖的契丹。

西方文獻都稱耶律大石所建立的國家為喀喇契丹（Kara Khitai or kara Kitai）。周圍各民族尊稱耶律大石為古爾汗（Gurkhan），古爾汗是北方各游牧民族的最高榮譽，有時也寫作菊兒汗、葛兒汗或葛勒汗，意思是「汗中之汗」或「普天下的皇帝」。

除了身負傑出的軍事才能外，還具有敏銳的政治嗅覺和靈活的外交手腕。在漠北時，耶律大石極力拉攏蒙古，遊說蒙古不對金供應馬匹。金兵若缺少馬匹，就無法越過莽莽草原沙漠；另外，他又拉攏西夏，一旦金國出兵向西追擊，則以西夏抵擋。

金西南、西路權都統（權理都統）斡魯得知耶律大石在漠北募得戰馬萬匹，恐成大患，遂上書金廷，請求發兵征討。金廷深知大軍穿漠，非有足夠的戰馬不可，所以對於討伐耶律大石持謹慎態度，惟恐斡魯輕舉妄動以致損兵折將，嚴令斡魯要討伐耶律大石，必須獲得朝廷批准；換言之如未得批准，擅自行動就是大

遼代・舍利石雕

罪，可見金國對耶律大石顧慮之深。

耶律大石在他稱帝的第三年改元康國（西元一一三四年）。同年，耶律大石定都於今吉爾吉斯托克瑪克市（Tokmok），將此命名為「虎思斡耳朵」；三月，耶律大石以蕭斡里剌為兵馬大元帥，敵剌部同知蕭查剌阿不為副兵馬大元帥，令他二人帶七萬騎兵，東征金國欲恢復大遼。出發前，耶律大石以青牛、白馬祭天，對蕭斡里剌授旗並立誓：「我大遼自太祖、太宗艱難而成帝業，其後嗣君耽樂無厭，不恤國政，盜賊蠭少，天下土崩。朕率爾眾，遠至朔漠期復大業，以光中興。此非朕與爾世居之地。」

遼代．黑釉阿難尊侍佛　圓渾頭形、眼神較剛、豐唇鼻挺，存在唐代飽滿遺風，雙手合掌、衣著簡樸、呈現寧祥悠遠，笑容親和，屬青瓷窯精品，黑中明藍青光澤，釉水潤亮。山西渾源古磁窯出土。

耶律大石處事謹慎，據《遼史．天祚帝紀四．西遼始末》所載，他還特別交待蕭斡剌里：「你這次出征，一定要信賞必罰，要與士卒同甘共苦，選擇水草豐美的地方安營，審時度勢、能戰則戰，萬不可強攻猛打，以免招致失敗。」可見耶律大石並不是逞匹夫之勇、只求復仇而不計後果之人。

但蕭斡剌里率軍東行萬餘里都未遇到金兵，而所帶來的牛馬已死去大半。眼看如果繼續前進，即使遇到金兵，也沒有必勝的把握，為保存實力，於是全軍撤退。耶律大石認為出師不順，乃是天意，從此不再作東返打算，而改制定在現有領土上向西擴張的計畫。

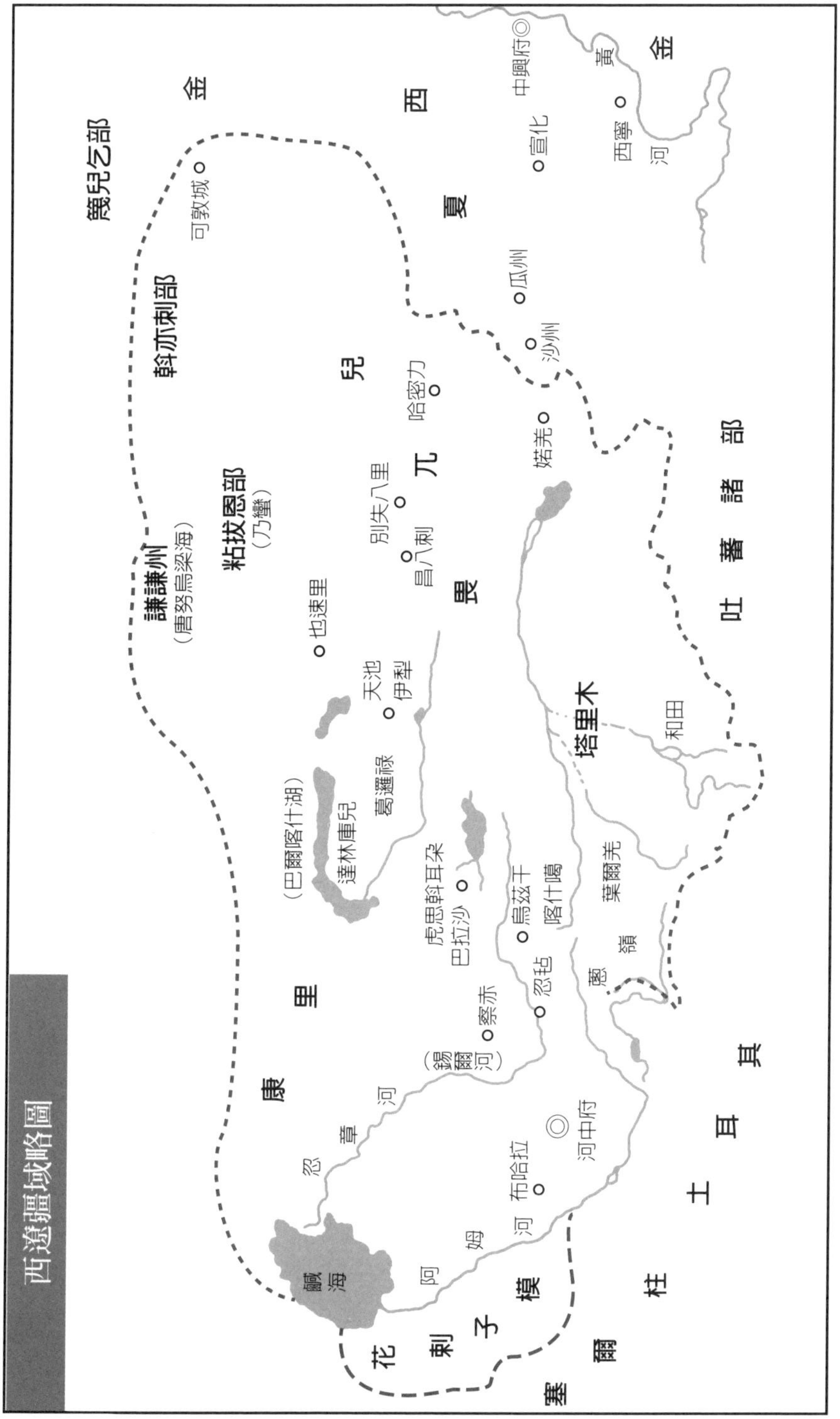
金
西夏
中興府
黃河
金
西寧
宣化
瓜州
沙州
婼羌
吐蕃諸部
篾兒乞部
可敦城
斡亦剌部
畏兀兒
哈密力
別失八里
昌八剌
粘拔恩部
（乃蠻）
謙謙州
（唐努烏梁海）
也速里
天池
伊犁
葛邏祿
達林庫兒
（巴爾喀什湖）
虎思斡耳朵
巴拉沙
烏茲干
喀什噶
塔里木
和田
葉爾羌
蔥嶺
忽氈
察赤
忽章河
（錫爾河）
康里
河中府
布哈拉
阿姆河
鹹海
花剌子模
塞爾柱土耳其
西遼疆域略圖

第十三章 威震中亞黑契丹，中原文化到西方

擴張領土

虎思斡耳朵原是東喀喇汗國的都城，原名巴拉沙袞（或作八拉沙袞），在今天中亞吉爾吉斯托克瑪克稍南，唐時叫碎葉城，相傳詩仙李白就誕生於此。

東喀喇汗國長期受四邊其他游牧民族康里和葛邏祿人的欺凌，當時的統治者聽說耶律大石公正而英勇，於是遣使向西遼表示願意歸附黑契丹。耶律大石由此不費吹灰之力得到巴拉沙袞，並將此地改名爲虎思斡耳朵，以之爲都城。

耶律大石銳意經營西方，以擴大西遼的疆域。他所面對的是西喀喇汗國，該國定都於薩末韃（今撒馬爾罕），當時的統治者爲易卜拉欣桃花石汗。桃花石本是中亞各民族對中國的稱謂，說法來源有二種，一是鮮卑族拓跋氏所建立的北魏王朝曾威震中亞，因而「桃花石」是中亞對拓跋氏的轉音；另一種說法認爲，中亞各民族稱唐朝爲「唐家子」，日久即成爲「桃花石」。

易卜拉欣在中亞久負盛名，在他的帶領下，西喀喇汗國曾經長期稱雄於中亞兩河之間。但歷經數代後，汗國君主跟伊斯蘭教神職人員漸生嫌隙，以致國家動盪不安，這就給了西

文人筆下的虎思斡耳朵

金宣宗興定四年（西元一二二〇年），《長春真人西遊記》中的記載，虎思斡耳朵「風土氣候，與金山以北不同，平地頗多，以農桑為業，釀葡萄為酒，果實與中國同，唯經夏秋無雨，皆疏河灌溉，百谷（同穀）用成，左山右川，延闊萬里」。

長春真人俗名丘處機，曾奉成吉思汗之召前往中亞。《長春真人西遊記》是由他口述，經弟子李志常筆錄成書。

遼可乘之機。

西遼德宗康國四年（西元一一三七年），耶律大石派兵進入今烏茲別克費爾干納（Fergana）地區，因未遇到任何阻擋，於是繼續西進。直到忽氈（今塔吉克境內，Khujand），才遇到西喀喇汗國的抵抗。兩軍相遇後，西喀喇汗國大敗；但西遼軍隊並沒有趁勝西進該國國都薩末鞬，而是在費爾干納地區整補，以待更有利的機會。

只是這一等就是四年，這四年間，葛邏祿人與西喀喇汗國發生了衝突。西喀喇汗國對葛邏祿人的挑釁心存畏懼，便向位於更西方的塞爾柱（Seljuq）土耳其蘇丹（伊斯蘭教國家中，政教合一的領導人稱號）桑賈爾求援。桑賈爾於是發動境內呼羅珊、伽茲納、馬贊蘭德各部十萬多人，討伐

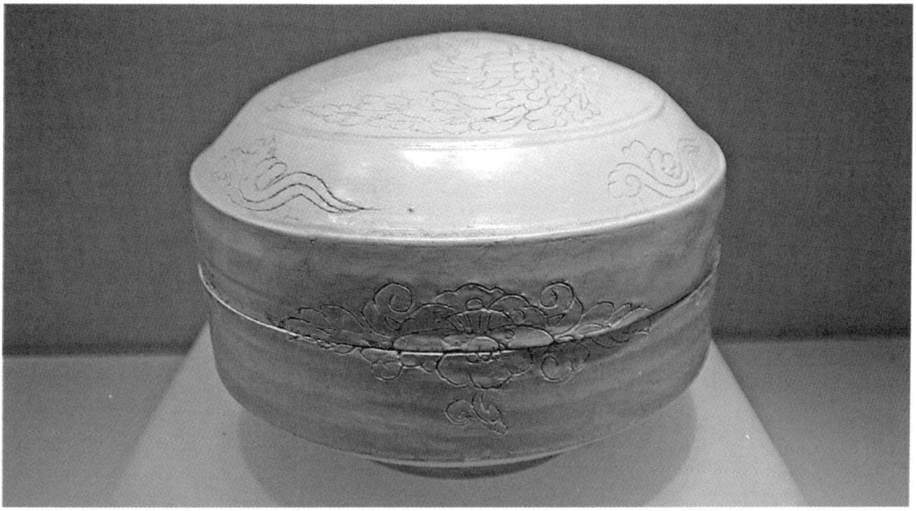

遼代·白釉刻雙鳳紋盒　此紋盒樸素淡雅，是遼代仕女用來裝化妝品的工具。

塞爾柱土耳其

塞爾柱土耳其是突厥人的一支後裔，名稱來自於該部酋長之名，西元一〇〇〇年（遼聖宗統和十八年，北宋真宗咸平三年）左右，在塞爾柱的率領下，這支土耳其人從中亞遷到錫爾河下游，並南下據有今日伊朗大部分。一〇五五年，塞爾柱土耳其西進占領今日伊拉克首都巴格達，迫使阿拉伯帝國政教合一的統治者哈里發授予塞爾柱「蘇丹」的稱號。

接著，這支土耳其人繼續向小亞細亞、敘利亞、巴勒斯坦、埃及、紅海東岸擴張。到十一世紀末達於極盛。疆域東起印度與都庫什山，西達地中海，成為當時西亞的大帝國。到十一、十二世紀之交，開始瓦解。十三世紀初，花剌子模征服中亞和伊朗大部，塞爾柱土耳其帝國才解體。

葛邏祿。眼看大敵當前，爲求自保，葛邏祿便向耶律大石求援。

耶律大石修書給桑賈爾，請求赦免葛邏祿人，停止討伐他們。桑賈爾擁兵十幾萬，妄自尊大，致信耶律大石，在信中誇耀他的軍隊可以用箭截斷鬍鬚，暗示他的士兵箭法精準。耶律大石聽使者讀完來信後，就命人將來使的鬍鬚拔下一綹，拿著針去截斷鬍鬚，這當然是不可能成功，耶律大石質問：「你不能用針截斷鬍鬚，其他人又怎麼可能用箭截斷鬍鬚呢！」（見魏良弢，《西遼史綱》）

耶律大石心知戰爭已是不可避免，立刻召集軍隊。一些西方史料稱西遼動員了三十萬騎兵。但據《遼史・卷三〇・西遼始末》中記載：「西域諸國舉兵十萬，號忽兒珊，來拒戰。兩軍相望兩里許，（耶律大石）諭將士曰：『彼軍雖多而無謀，攻之，則首尾不救，我師必勝。』遣大院司大王蕭斡里剌、副招討使耶律松山等將兵二千五百攻其右；樞密副使蕭剌阿不、招討使耶律求薛等將兵二千五百攻其左；自以眾攻其中。」

從這段記載看，西遼動員的兵力不多。因爲《遼史・西遼始末》另一段記載耶律大石兒子夷列繼位後，西遼的戶口紀錄：「籍民十八歲以上，得八萬四千五百戶」，所以耶律大石絕不可能有三十萬騎兵可供動員。

戰爭的結果是塞爾柱土耳其勢力退出河中地區。但耶律大石並沒有

遼代・白釉羅漢　羅漢上額渾豐、眉骨高、大耳濃眉、勾鼻，十足西域面貌。表現出物道過程內心流露出激烈煎熬時有深刻思索、優雅超脫，法器為契丹宗教獨特造形。

進一步消滅西喀喇汗國，而是把河中地區納入西遼藩屬，改立西喀喇汗國汗王馬合木的弟弟爲汗王，令他向西遼納貢。同時將國都薩末鞬更名爲河中府，留下一個收稅的官員監臨。

之後，耶律大石就將目標放在花剌子模上。花剌子模位於西喀喇汗國的西北方，占有裡海及鹹海南岸、錫爾河、阿姆河下游的廣大地區，原爲塞爾柱土耳其藩屬。塞爾柱蘇丹桑賈爾汗在位時，花剌子模王阿即思有意擺脫附庸國地位而謀求獨立。桑賈爾於是出兵征伐花剌子模，並捕殺阿即思之子阿惕里黑。阿即思在無力反抗之下，只好繼續向塞爾柱土耳其稱臣。待塞爾柱土耳其大敗於西遼之後，因爲西喀剌汗國藩屬於西遼，西遼因此與花剌子模接壤。（請參看下頁圖，此圖摘自藍琪所譯法人格魯塞之《草原帝國》）

耶律大石既不費吹灰之力得到東喀喇汗國，又將西喀喇汗國納爲藩屬，但他並不滿足。德宗康國八年（西元一一四一年），耶律大石派大將額兒布思率軍討伐花剌子模。西遼大軍在幾乎沒有抵抗的情況下，輕易進入花剌子

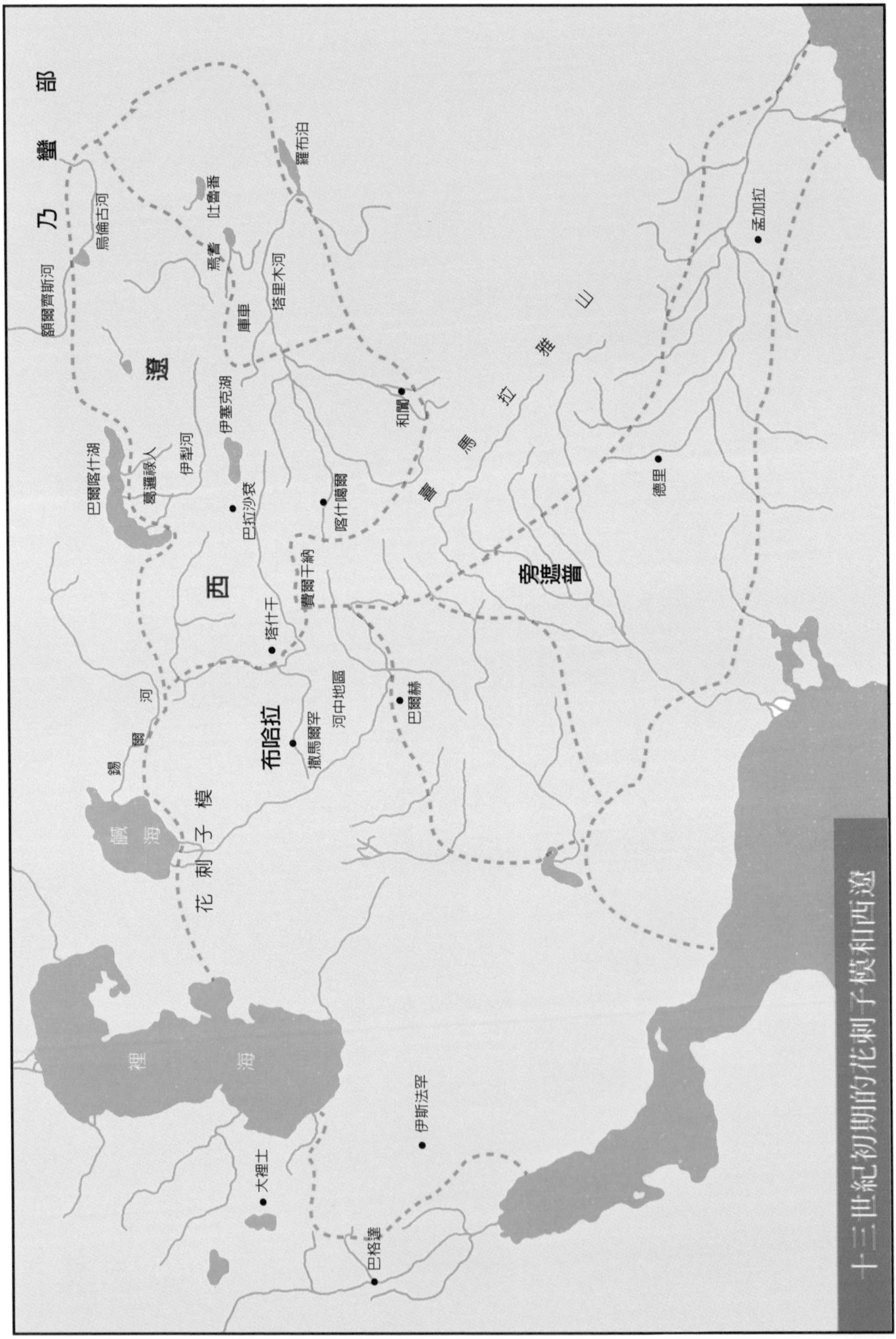

十三世紀初期的花剌子模和西遼

模境內。額兒布思縱容手下屠殺花剌子模人民，洗劫村莊。阿即思向西遼乞降，願爲耶律大石效忠，並且每年繳納稅款、進貢方物。《遼史・西遼始末》所說的「回回國王來降、貢方物」就是指花剌子模。而耶律大石這時已經五十五歲了，因此鬥志減退，綏撫花剌子模之後，他就未再大肆征伐。

遼代・白釉雞冠壺　雞冠壺是遼瓷的特有形制，因早期器形上部有雞冠狀裝飾而得名。契丹民族馬上為家，需隨時攜帶水、乳等飲物，為方便和安全起見，以皮革縫囊盛裝，只留小口，以防傾漏。雞冠壺即是仿這類革囊形制做成的隨葬用品，多是瓷器。

西遼政治

談到西遼疆域，向來眾說紛紜。

據成書於南宋（西元一一二七～一二七九年）的《大金國志・卷十四》載，金海陵王正隆元年（西元一一五六年），西遼德宗已過世，由子耶律夷列嗣立，是爲仁宗，金廷「令婆隆敦爲左都監帥，令經略田於曷董城。林牙之子烏律游騎數百人出入單前，婆隆敦遣使打話，遂退。」烏律就是耶律夷列，曷董城即爲可敦城。可見西遼疆域已經東至可敦城附近，表示至少東至今蒙古國中部。

至於西遼北方的邊界，應該到達今俄羅斯境內貝加爾湖以西（即舊稱「唐努烏梁海」一帶）。據波斯史書《世界征服者史》所載：「他（耶律大石）這時把沙黑納（監臨的長官）從謙謙州派到巴兒昔罕、從答剌迷派到牙芬奇的各個地方去。」謙謙州，元代時所設，據考證在今蒙古國境內的葉尼塞河上游，現屬俄羅斯自治共和國之一的圖瓦（Tyva）共和國。巴兒昔罕（Barskhan）建在伊塞克湖（即熱海）以南，在今吉爾吉斯境內。答剌速，約在今哈薩克南部江布爾（Jambyl）。至於牙芬奇則爲靠近伊犁河的一座城市。《世界征服者史》中還提到：「這時他（指耶律大石）使康里人服從他的統治」，康里人聚居地區約在達林庫兒（今巴爾喀什湖）西北到鹹海之間，現屬哈薩克領土。

西遼的南方，則以阿姆河中上游一帶與花剌子模爲界。花剌子模向西遼納貢稱臣後，西遼的勢力就達到裡海四周。在東南方面則擁有哈密、高昌、婼羌，隔沙漠與西夏接壤。

西遼已經成爲一個龐然大國，領土包括狹義跟廣義的西域，境內包括中原文化、印度文化、希臘文化跟兩河文化，具有特殊的歷史意義。

在這廣大的勢力範圍裡，西遼沿襲遼朝的雙軌政治制度，實施二元政制。

據《遼史》載，雙軌制度包含：「官分南北，以國制（指契丹原有的制度）治契丹，以漢制待漢人。北面治宮帳、部族、屬國之政；南面治漢人州縣、租賦、軍馬之事。」從遼朝之後，中國各朝都以雙軌政制實施胡漢分治。耶律大石鑑於中亞民族複雜情況，也將雙軌政治制度帶到中亞。我們且看西遼的政治措施：

一、不直接統治廣大領土

西遼的疆域廣闊，民族眾多，各有複雜的歷史淵源與文化背景。

耶律大石雖然把整個中亞都納入勢力範圍，但西喀喇汗國和花剌子模國卻採自治方式管理，一切規章照舊，只派官員監臨，收取貢賦，間接統治。西遼以極少數的契丹人、漢人組成的統治集團，更不可能直接統治

間接統治之緣由

有史以來，無論希臘、波斯、大月氏、匈奴、嚈噠、還是突厥等民族控制中亞後，也都是實行間接統治。這是由中亞地區獨特的地貌特徵所決定。因為此地只有廣大的草原和沙漠，間有綠洲星羅棋布於其中，使得沒有一個外來的統治者有足夠的人力實行直接統治。

帖木兒帝國

帖木兒帝國的建國時間為西元一三七〇年（明太祖洪武三年）至西元一五〇七年（明武宗正德二年），亦稱「帖木兒王朝」，是由突厥化的蒙古人帖木兒所開創的中亞強國，首都位於撒馬爾罕，後遷都赫拉特（Herat，又譯哈烈、黑拉特，位在今阿富汗西北）。帖木兒經三十多年的征服戰爭，領土從德里到大馬士革，從鹹海到波斯灣，鼎盛時期的疆域包括今天喬治亞一直到印度的西亞、中亞和南亞。

在帖木兒建立帝國過程中，當時所有強大的帝國無一能夠迎其鋒芒。但西元一五〇七年，帖木兒五世孫巴布林兵敗於突厥烏茲別克部落，巴布林逃至今天的印度，並在那裡開創蒙兀兒王朝，帖木兒帝國滅亡。

廣大的中亞，這是中亞地區特殊的地理因素所造成，何況西遼沿襲遼朝的雙軌政治制度，更適合於實行間接統治。

二、對附庸國採輕稅政策

西遼對於附庸國家，均採取輕稅政策。縱然國都虎思斡耳朵一處由西遼政府直轄地區，百姓也僅以「所獲十分之一入官」（見《全史》）。附庸國家的稅賦，則更低，如《西遼史》中記載：「這個葛爾罕（即耶律大石）也不大干涉所征服國家的行政，他對於人民征收賦稅極低，每家只要一個地納爾（dinar）。」（布萊資須納德著，梁園東譯，北京中原書局，一九五五年）地納爾或譯寫為狄納爾，是一種幣值，每枚金幣大約重七、八克。西遼採取輕稅政策統治中亞地區，獲得各族人民擁戴，足證耶律大石過人的政治智慧。

三、善待各附庸國、各民族君王或首領

耶律大石對於歸順的各國君王或各民族首領，都採取安撫手段。伊本·阿爾西（西元一一六〇～一二三四年）所著的《全史》中記載，耶律大石對待從屬國王極有恩惠；凡附屬於他，只要用一個銀牌繫於衣帶上，表明是他的臣屬就夠了。

西遼採取溫和的民族政策。這對初立足於中亞的西遼來說是必要且明智的，因為溫和的民族政策，西遼才得以順利的行使統治權。

遼代・中京半截塔　位於今內蒙古赤峰市寧城縣。半截塔建於遼道宗清寧三年（西元一〇五七年），至於為何又叫「半截塔」呢？有個有趣的傳說：當年此塔是一個出家人劉僧人所建。而劉僧人有一個同胞弟弟也是僧人，欲在南方修建一塔。於是，兄弟二人打賭，限定時間內將塔建完。哥哥聽說南方的弟弟即將按期竣工時，便焦急的將未修完的塔封頂，於是便成了「半截塔」。

四、不分封，將軍不帶兵

遼時的頭下軍州制不僅破壞國家的稅收，軍州更形同國中之國，於是耶律大石在建立西遼後，便堅決不分封采邑。俄羅斯史學家巴托爾德（Bartold）在《蒙古入侵時期的突厥斯坦》中寫到：「第一代葛兒罕（古爾汗，即耶律大石）不頒賜任何的采邑，……即便到末代的葛兒罕，也沒有任何世襲封邑的痕跡。」

耶律大石之前，中亞地區的汗國或王朝都大肆分封，采邑遍地。約三百年後的帖木兒帝國，也對他的幾個兒子大肆分封，所以帖木兒一過世，帝國馬上就分崩瓦解了。由此可見耶律大石不行分封的高明之處。

五、開放宗教信仰自由

中亞地區信仰複雜且多元化，先後曾有薩滿信仰、瑣羅亞斯德教（即祆教）、佛教、基督教的諾斯德教派（即景教）、摩尼教以及較晚的伊斯蘭教。除了薩滿教信仰外，契丹人大多信仰佛教。

耶律大石建立西遼帝國後，肯定境內各民族的信仰自由，而他本人更從不明說自己的信仰傾向。

即使是二十一世紀的今天，世界上某些地區還是不能完全擁有宗教信仰自由。從這個角度看，將近一千年前的耶律大石，就能在帝國內保證人民宗教信仰自由，充分突顯出耶律大石的胸襟。

西遼境內，佛教盛行於高昌，景教則在虎思斡耳朵一帶流傳，並在喀什噶爾（今新疆維吾爾自治區西南部）設立教區。猶太教盛於撒馬爾罕地區。伊斯蘭教則是西遼盛行於中亞的宗教。這些宗教都得到耶律大石的尊敬。耶律大石身爲國君，並不明顯表示自身宗教信仰，用以獲得各宗教信仰者的認同，足證其政治技巧之高明。

遼代・白釉雞腿瓶　雞腿瓶和雞冠壺是遼代瓷器兩大代表形制。

中原文化耀中亞

西遼之前，西域或中亞和中國文化互相交融已久。中國文化得到胡族文化滋養，更顯多姿多彩。

西遼建立後，中原文化隨之大量傳入中亞，一些被金朝占領的華北地區契丹人（因已漢化，金稱之爲漢人）不甘心受金王朝統治，也因而不辭千里地奔波到虎思斡耳朵去投靠西遼。

這些人在語言、文化上已經完全與漢人無異。這個時期，進入西域的漢人人數空前之多，中國文化也隨之流入西域。在西遼統治中亞初期，以漢語為行政機構的官方語言，對中國文化的推廣，達到空前絕後的廣泛。因此中國語文向外推廣的功勞，西遼功不可沒。

而耶律大石原為遼朝翰林，熟知遼朝的政治制度。遼朝在行政組織上因民族的不同，而設置了雙軌的行政制度，以漢人傳統的制度管理漢人，以契丹人的部落組織制度，治理包括契丹等胡族。自遼朝之後，雙軌政治制度就成為中國中央行政組織的常態，也就成為中國政治制度的一種。耶律大石也將這種獨特的制度傳播到中亞地區。

耶律大石建立的西遼，統轄疆域非常廣闊，境內民族極其複雜，因此耶律大石將國家分為兩大部分：其一以虎思斡耳朵一帶為中心，包括錫爾河上游、伊塞克湖周圍以及七河地區南部，作為直轄地區，實行一套行政制度，類似遼朝的南面官。另一

高昌故國遺址　高昌是漢族在西域建立的佛教國家，位於今新疆吐魯番東南一帶，由於地當天山南路的北道沿線，因此自古即為東西交通往來的要衝，亦為古代新疆政治、經濟、文化的中心地之一。

部分是附庸國和部族，如東、西喀喇汗國、高昌回鶻汗國、花剌子模汗國、葛邏祿部、康里部等部族，實施另一套統治方式，類似遼朝的北面官。像這種把中國政治制度推廣到中亞地區，在中國歷史上實屬罕見。

耶律大石創建西遼，除了帶去相當數量的契丹人、漢人，同時經由這些漢人、契丹人將中原文化傳播至中亞。

不僅如此，耶律大石更把中國王朝獨有的年號、廟號等制度在西遼帝國推展開來。耶律大石本人用了延慶、康國兩個年號，崩後謚爲德宗。感天皇后蕭塔不烟以咸清爲年號；耶律夷列嗣位，年號紹興（西元一一五一至一一六三年），廟號仁宗。耶律速普完年號崇福，末帝直魯古以天福爲年號。

這套年號、廟號是中國獨有，向外輻射影響及於日本、朝鮮等周邊國家。西遼沿用中原王朝這套制度，將獨特的中國文化傳播到中亞，或許在西遼帝國創建者耶律大石心中，西遼就是中國。

遼代・白釉菩薩　此件觀音屬少數民族最有代表性的風格。髮髻高綁、法相莊嚴、眼神剛柔並濟、威而不怒，法器屬契丹崇教獨特造形、具有研究價值。

第十四章 感天太后眞強悍，承天皇后韻事多

感天太后

西遼德宗康國十年（西元一一四三年），耶律大石駕崩。據《遼史・西遼始末》所載，耶律大石過世後，其子耶律夷列因爲年紀尚輕，故由皇后蕭塔不烟全權處理國事，稱感天太后，次年（西元一一四四年）改元咸清。

西遼並沒有因爲耶律大石的辭世而土崩瓦解，一方面固然是因爲耶律大石不對功臣分封采邑的政策，但太后蕭塔不烟的精明幹練、果敢強悍，也是一個重要的因素。

耶律大石的死訊隔年便傳到金國，金始終把西遼當作心腹大患，希冀杜絕後患。但以當時金的實力而論，要出動大軍越過滾滾沙漠，補給極爲困難，更何況要在萬里外打勝仗，幾乎是不可能。無奈之下，金國就只有招撫了。

金國占據中國華北地區後，就以正統王朝爲自居，派粘割韓奴爲使出訪西遼。爲了提高粘割韓奴的身分，還特別給他加了武義將軍的頭銜。但武義將軍品級並不高，乃金國創設，爲從六品的武官，元朝時升爲從五品，明朝沿用。

西遼感天皇后咸清元年（金熙宗皇統四年，西元一一四四年）中，粘割

遼代・鐵剪刀　遼代工藝技術發達，此圖即為內蒙古出土的遼代鐵剪刀。

韓奴出發，一行跋山涉水、穿越草原沙漠，於西遼咸清三年（金皇統六年，西元一一四六年）到達西遼領地。

粘割韓奴到達西遼時，正遇上感天太后出獵。感天太后見這些人身著「奇裝異服」，便令侍從衛士上前詢問，說是見了西遼太后，爲何不下馬？據《金史》所載，金熙宗皇統四年二月時，「回紇（同鶻）遣使來賀，以粘合（割）韓奴報之。」金這才從回鶻使者口中得知耶律大石已過世的消息，因而派粘割韓奴隨同回鶻使者同去，前往西遼。對粘割韓奴來說，西遼不過是和回鶻同類的小國，因此當他見到感天太后時，立刻擺起架子，倨傲地回答：「我是上國使者，奉天子之命來招降妳，妳應該下馬聽我宣讀皇帝詔書。」感天太后此時已是西遼最高統治者，見粘割韓奴如此狂妄無禮，勃然大怒，厲聲問道：「你一個使者前來我國，只是想逞口舌之快嗎？」

粘割韓奴上國自居的傲慢行爲，終於引來殺身之禍。感天太后豈能忍受使者這般狂妄自大，於是派人把粘割奴拉下馬來，命他下跪。粘割韓奴依然口出狂言：「大膽反叛賊子，我大金國天子不忍心對你用兵，所以派我來招降，你應對我禮敬有加才是，竟敢辱罵天子的使臣！」感天皇后聽了怒不可遏，下令殺粘割韓奴。（見《金史・粘割韓奴傳》）

西遼德宗耶律大石與感天太后蕭塔不烟統治時期，整個國家大體上國泰民安，人丁興旺。據《遼史・西遼始末》載：「（西遼）籍民十八歲以上，得八萬四千五百戶。」當時西遼課徵賦稅，是以男子年滿十八歲爲一戶向之課稅，婦女、小孩及老人不在課稅之列。如果將老幼婦女合計在

遼・通行泉貨　遼宋時期，中國商業繁榮，貿易發達，貨幣經濟盛行，此即為遼太祖耶律阿保機時通行的貨幣。

內，每戶以五口計算，都城虎思斡耳朵一帶人口大約有六十萬之多，這在八、九百年前，已經是規模相當龐大的大都市。這麼多的人口，必然需要長時期的和平和一定程度的經濟規模方可達到。而這些條件，都是德宗與感天太后努力經營的結果。

感天太后主政七年（西元一一四四～一一五〇年）後，還政於子耶律夷列。金海陵王天德三年（南宋高宗紹興二十一年，西元一一五一年）耶律夷列改元紹興，是為仁宗。

德宗耶律大石建立西遼之後，開始將中原王朝的政治制度推廣到中亞地區，並向中亞地區各綠洲國家徵收賦稅。感天太后把這制度穩定並延續下來，即使當年的大唐帝國，也不及他二人之功勞。

仁宗平亂

西遼仁宗在位十三年（西元一一五一～一一六二年），他在他父母所奠定的良好基礎上，繼續推行國政。德宗耶律大石以武力迫使花剌子模向西遼稱臣納貢，但因西遼採取寬鬆和輕稅政策，所以花剌子模並沒有多大的負擔，而且對內完全自主。

西遼感天太后咸清五年（西元一一四八年）到承天皇后崇福九年（西元一一七二年）的二十四年間，花剌子模由伊爾・阿兒斯蘭主政，他採兩面討好的作法，除了向西遼納貢稱臣之外，還向塞爾柱土耳其稱臣。

西遼仁宗紹興六年（西元一一五六年），西喀喇汗國與葛邏祿發生衝突。葛邏祿是中亞游牧民族，屬於西突厥的一支。當這支民族游牧至某一汗國或王朝境內時，多半會與當地政權合作。但此時葛邏祿卻與西喀喇汗國發生爭戰。

雙方軍隊在飢餓草原（今烏茲別克境內）開戰，西喀喇汗國大敗，國君被殺，並曝屍於草原，之後即位的恰克雷汗因此向西遼求助。

仁宗命東喀喇汗國國君率領一萬騎兵前往援助，雙方軍隊隔粟特河（今中亞內）對峙。經過調停而訂立和約，恰克雷汗恢復葛邏祿首領的軍事長官職務，雙方撤軍，免去一場血腥戰爭。但是在中亞地區遊蕩的葛邏祿問題依然沒有解決。

至西遼仁宗紹興八、九年間（西元一一五八至一一五九年）時，西喀喇汗國恰克雷殺了葛邏祿大首領比古汗，比古汗之子因此帶著族人逃往花剌子模。花剌子模的首領伊爾·阿兒斯蘭於是重新編組葛邏祿人，並派軍隊協助他們入侵河中地區，即花剌子模西邊近裡海一帶。

承天皇后

仁宗在位十三年去世（西元一一六三年）。由於兒子耶律直魯古年幼，仁宗遺詔將國事交由妹妹承天皇后耶律速普完全權處理，並改元崇福。耶律速普完嫁西遼武將，開國功臣蕭斡里剌的長子蕭朵魯不。蕭斡里剌一門手握西遼兵權，而蕭朵魯不儘管娶了承天皇后，貴爲駙馬，仍然經常帶兵出外作戰。

承天皇后認爲葛邏祿人攜帶武器到處亂竄，不斷爲亂於河中地區，必須徹底解決這個問題。崇福元年（西元一一六四年），承天皇后下令將布哈拉與薩馬爾罕的葛邏祿人全部遷往至今新疆喀什噶爾地區，並且規定他們到達喀什噶爾後必須放下武器，改以農業維生。葛邏祿人自古靠游牧掠奪爲生，貿然強迫他們改事農業，只是引發各地葛邏祿人的反抗。

葛邏祿人聯合向布哈拉進軍，面對這些來勢洶洶的葛邏祿人，布哈拉長官穆罕默德·伊本·奧瑪爾知道不宜力抗，當以智取。於是他一面向西喀喇汗國告急求援，一面派人與葛邏祿交涉。穆罕默德·伊本·奧瑪爾對葛邏祿首領說：「之前的異教徒進入這個國家後，放棄掠奪、屠殺，而你們這些穆斯林戰士，伸向別人的財產和鮮血，不覺得令伊斯蘭教義蒙羞

琥珀瓔珞　此瓔珞周長一百七十三公分，由四百一十六顆琥珀珠、五件浮雕飾件用細銀絲穿繫而成。浮雕飾件有橘紅色、紅橘色、橘黃色三種。所雕紋飾有對鳥、荷葉、蟠龍、雙龍戲珠、行龍等，是遼公主的佩件。

嗎？只要你們放棄搶掠和殺戮，我就付給你們金錢。」以此談判拖延時間，並鬆懈葛邏祿的戒心。終於等到西喀喇汗國的大軍來援，葛邏祿措手不及潰敗。據《全史》稱，此戰葛邏祿人遭到毀滅性失敗，從此葛邏祿再不能威脅中亞安寧。

承天皇后精明幹練，自幼接受良好教育，慧質蘭心。學識、氣質、個性，使她成爲一個天生麗質、既嫵媚又霸氣的女人。

承天皇后掌權之後，滿腔雄心壯志。她加強控制附庸國，並且徵收更多的賦稅。而此時在西邊的花剌子模正漸壯大，所以在崇福七年（西元一一七〇年）時，承天皇后與西喀喇汗國合作，集結大批軍隊準備討伐花剌子模。花剌子模聞訊，在伊爾．阿兒斯蘭汗領導下，動員國內所有的軍隊，並且聯合殘餘的葛邏祿人準備迎戰。

雙方大軍在阿姆河交戰，花剌子模大敗，葛邏祿首領阿亞爾伯克且被俘。不久，伊爾．阿兒斯蘭汗去世，由幼子蘇丹沙赫繼位。阿兒斯蘭汗之兄特克什投奔西遼，他向西遼保證自己如果當上花剌子模的國君，每年一定如期向西遼進貢。這正合承天皇后的心意，她於是命令丈夫蕭朵魯不率領大軍護送特克什回花剌子模，並且

承天皇后之死因

蕭朵魯不才氣平庸，可是他的弟弟蕭朴古只沙里，卻是個才華出眾、相貌堂堂、英氣逼人的美男子，深得承天皇后喜愛。

崇福十四年（西元一一七七年），承天皇后為與蕭朴古只沙里長相廝守，便羅織罪名殺了蕭朵魯不，惹蕭斡里剌大怒。這位年邁的大將軍立刻率軍包圍了宮廷，射死承天皇后和蕭朴古只沙里。

封他為東平王。然而不久後，承天皇后就忽然過世了。

承天皇后在位十四年（西元一一六一至一一七七年），其後由仁宗次子，也是西遼的最後一個皇帝耶律直魯古嗣立，在他任內，西遼逐漸走向衰亡。

中亞形勢的轉變

承天皇后執政的這十四年間，中亞情勢有了不小的變化。西遼助特克什回花剌子模爭奪汗位後，西遼也因此加強對花剌子模的控制，不過花剌子模的國勢仍在穩定中逐漸強大。崇福十二年（金世宗大定十五年，西元一一七五年），西遼東北部阿爾泰山一帶的游牧民族粘拔恩部（即後來的蒙古乃蠻部）、康里部叛離西遼，投靠金國。

粘拔恩部叛歸金國有三萬人之多。於是西遼的國力已經撤出額爾齊斯河上游，阿爾泰山一帶。即使如此，對金國而言，西遼仍然是潛在的威脅。更不用說西遼對金朝統治下的契丹人，始終有著莫大的吸引力。

當時的金，由有「小堯舜」之稱的世宗在位，世宗還因此特別下詔，改變對待契丹人的方式：「大石（指

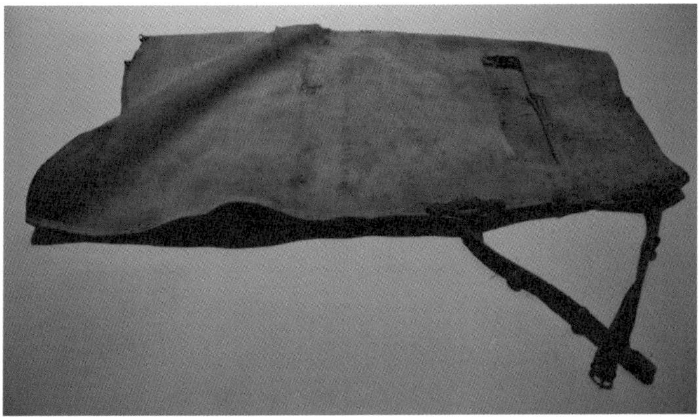

遼代・鹿皮箭囊

哈里發

哈里發（Khalifah）的原意為「代理人」或「繼位人」。

創辦伊斯蘭教的穆罕默德及其以前的眾先知即被認為是阿拉在大地上的代理人、代治者。後該詞被用於指稱穆罕默德逝世後，繼任伊斯蘭教國家政教合一領袖的人，伊斯蘭教初期執政的四大哈里發即屬此範圍。其後又為奧馬雅、阿拔斯等王朝的統治者所襲用。

西遼）在夏國西北。首窩斡爲亂，契丹等響應，朕釋其罪，俾復舊業，遣使安輯之，反側之心猶未已。若大石使人間誘，必生邊患。遣使徙之，俾與女直（即女眞）人雜居。男婚女嫁，漸化成俗，長久之策也。」（見《金史・卷八十八》）

可見金朝始終沒有忘記西遼這個隱患。

另一方面，塞爾柱土耳其被西遼打敗後，勢力完全退出河中地區，同時還喪失在呼羅珊（Khorasan，今伊朗東北部）地區的影響力，由古爾王朝取而代之。西遼末主耶律直魯古即位時的十二世紀末，古爾王朝已經成爲阿姆河以南的大國，而且還在極力向外擴張。西遼末主天禧二十一年左右（西元一一九七），古爾王朝占領巴爾赫（Balkh，又名巴里黑，今阿富汗北部）。巴爾赫本該向西遼繳納哈拉古（土地稅）的，被古爾王朝占領後，就不再向西遼繳稅了。同樣的，東方漠北地區的情勢也有了極大的變化，十二世紀後半葉，來自蒙古草原的蒙古族也開始崛起。

古爾王朝統治者藉巴格達哈里發的名義，繼續向外擴張，遇到了實力已經相當強大的花剌子模。

花剌子模的特克什汗立刻遣使向西遼求援，並請使者警告西遼，必須出兵懲罰古爾王朝侵占巴爾赫之罪，否則花剌子模將會像巴爾赫一樣被侵占。如果等到古爾進攻西遼，西遼才想出兵，必將後悔莫及，那時想把他們逐出河中地區，更是難上加難。西遼於是以塔陽古爲統帥，率領大軍征討古爾王朝，天禧二十一年（西元一一九八年）四、五月間，西遼大軍渡過阿姆河，進入呼羅珊地區，特克什也率軍決定進攻赫拉特。

不久，西遼大軍攻入古爾王朝國境，占領許多地方，但西遼軍紀敗壞，燒殺擄掠無惡不作，引起當地人民反抗。西遼繼續向巴爾赫城進軍，並且向巴爾赫城長官發出通牒：放棄巴爾赫城，如若不然，就得恢復向西遼納貢，被巴爾赫城長官悍然拒絕。

西遼軍隊軍紀敗壞，激發呼羅珊地區人民的仇恨。各城聯合抗西遼，趁夜偷襲西遼的營帳，大損西遼軍隊，西遼軍倉皇逃走，等到天明才得知偷襲的不是古爾王朝的正規軍，於是掉頭對付古爾的主力軍。

經此一戰，雙方的傷亡都很大，後來由於伊斯蘭志願軍加入古爾陣營，而古爾預備軍也投入戰鬥，西遼軍隊終究難逃大敗命運，被迫退回阿姆河邊，大量士兵也因此淹死在河裡。據《全史》記載，這一戰西遼損失一萬二千人。

當西遼軍大敗的消息傳回虎思斡耳朵之後，西遼末帝大為震驚。軍隊的死傷，更是西遼的一大筆損失。末帝於是派使者向花剌子模索討，要他賠償西遼的損失。花剌子模眼見西遼戰敗，已不再是軍事強國，現在見到末帝派人來索取賠償，特克什不僅拒絕，並且還出言不遜。

末帝大受刺激，因為特克什是在西遼支持下才掌權，而且西遼此次出兵，也是在花剌子模的遊說下，為了保護花剌子模才出兵。西遼忍無可忍，末帝更是一怒之下貿然派兵討伐花剌子模，結果雙方大戰，花剌子模軍隊一度追擊攻下河中名城布哈拉。從前後這兩場戰爭可以看出西遼已經是強弩之末了。

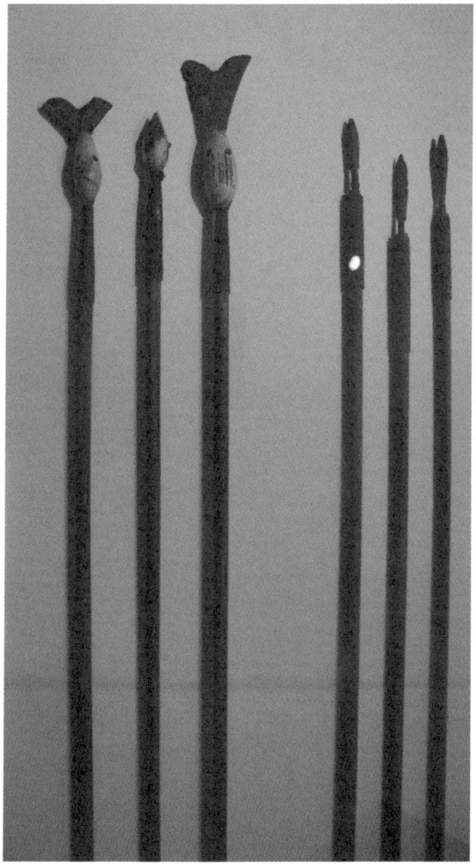

遼代・鐵箭鏃　遼為游牧民族，近年來可見許多出土文物，如矛、刀、槍等。鐵箭鏃更是常用的一種武器。

第十五章 喪家之犬屈出律，竟成西遼駙馬爺

鐵木眞崛起

西遼中亞的勢力逐漸衰微，一股大風暴卻正在漠北醞釀成形，並在之後改寫整部世界史。

在敘述這場風暴前，要稍加說明北亞當時的地理、民族狀況，這樣才容易理解匈奴、柔然、鮮卑、突厥、契丹等游牧民族，以及即將登上歷史舞臺的蒙古，何以能夠在極短的時間裡，席捲廣大地域。

中國大興安嶺以西直至裡海，南邊從長城以北到西伯利亞，這廣大的區域裡，除了少許河流和崇山峻嶺外，主要都以草原、沙漠爲主，地形地貌相當單調。自然條件制約了聚居其間民族的生活方式，他們逐水草而居。從哈薩克草原到呼倫貝爾草原，任一民族的生活方式都沒有太大的差異。

游牧民族是最早駕馭馬的民族，在機械動力發明之前，馬是最快速的交通工具。根據歷史演進的經驗來看，誰能掌握速度，誰就能掌握空間，所以在十七世紀之前，北方游牧民族才能以相對少數的人口控制絕大地域。

草原地區從大興安嶺西端的呼倫貝爾草原，到裡海周邊，綿延四、五千公里。在莽莽草原上，各部落難以

玉佩　此圖為唐、宋、遼三代的玉佩。
後右一為宋代至遼代的玉圓雕魚，長九公分、寬二・八公分、重三十五・七克。
後左一對為唐代至宋代的白玉圓雕水鳥，大者長四・二公分、高二・七公分、重十七・四克；小者長三・八公分、高二・六公分、重十三・八克。
前右一的是唐代玉蓮花紋珠，重六〇・六克；前左一的則是宋代白玉蟬，長三・六公分、寬十九公分、重八・四克。

區隔疆界，生活習俗差異不大，民族混融的情形極爲普遍，因此各民族意識並不強烈。只要某一個民族出了個英雄人物，統一零散部落，周圍各民族往往就自稱與這個英雄人物同族。

整個北亞洲各游牧民族崇尚力量，誰有力量，所有各民族就會聚攏到他身邊；一旦力量消失，這些擁護者就會棄之而去。這就不難解釋爲何前秦苻堅淝水之戰失敗之後（西元三八三年），一度統一中國北方，強大的前秦也隨即瓦解；征服歐洲的北匈奴首領阿提拉一過世（西元四五三年）後，龐大的匈奴帝國就開始分崩離析；十五世紀之初，中亞帖木兒大帝駕崩之後（西元一四〇五年），帖木兒帝國也立刻四分五裂。

十二世紀後半葉，今蒙古高原地區眾民族各自盤踞，彼此互相爭奪生存空間。

崇尚能力的游牧民族

匈奴冒頓單于強盛時，征服天山以南各綠洲國家的西域地區。當時，西域各綠洲國家都自稱是匈奴，正如史傳所説「諸引弓之國，皆號匈奴。」據傳，有一天後金努爾哈赤看到風捲殘雲，就有感而發：「游牧民族（當時他主要是指蒙古）就像雲，只要有英雄人物出現，如風吹動，所有的雲就隨風移動。」

當時蒙古族還沒有統一，各個部落分散游牧於土拉河（今蒙古國中北部）、斡難河（今蒙古國北部）一帶。蒙古的北邊是篾兒乞部；南邊是汪古部；在蒙古的西邊（即今蒙古國中部）有突厥回紇系的克烈部，力量相當大，克烈部的西邊即今蒙古國西部阿爾泰山科布多一帶，是突厥回紇系的乃蠻部，即前文提到的粘拔恩部。

乃蠻部的北邊居住著斡亦刺部（《元朝祕史》稱爲林木中百姓），這兩部互相對立。十二世紀後半時，蒙古博爾濟錦（或作勃爾只斤）氏的一個名叫也速該把阿禿兒（蒙古語，意爲英雄，也寫作拔都；後來滿洲話音譯漢字寫作巴圖

遼代・白釉剔花瓷枕　枕身模制成雙獅臥式動態。鬃鬢向後飄，前足備伸，整體造型勇猛逼真、枕面上刻花工藝極為流暢。

魯）的部落酋長，一次與敵人作戰時，捕殺了對方酋長鐵木眞兀格。恰巧也速該的妻子生了一個兒子，爲了紀念此次作戰勝利，也速該就把這個嬰兒取名鐵木眞。鐵木眞的誕生，不但改變了蒙古民族的命運，也改寫了人類的歷史。

脫斡憐勒名號由來

許多漢文文獻中，脫斡憐勒又寫作王汗或翁汗。這是由於脫斡憐勒曾經跟也速該協助金朝安定邊境，金朝封脫斡憐勒為「夷離堇」，有「王」的涵意，而脫斡憐勒又自稱汗，所以合稱王汗。

脫斡憐勒協助鐵木真搶回被篾兒乞人搶去的妻子，又協助鐵木真聚攏離散的人力，且曾多次與鐵木真合兵征討蒙古各部落，幫助鐵木真統一蒙古各部落。

鐵木眞少年失怙，又遭同族泰亦赤烏氏的欺凌，養成他堅忍不拔、處變不驚、逆境求勝的意志。在也速該的「安答」（蒙古語，意思爲盟友或義兄弟）克烈部酋長脫斡憐勒協助之下，鐵木眞逐漸統一蒙古各部落。

西遼末帝天禧十二年（西元一一八九年），鐵木眞稱蒙古汗。但志向高遠的鐵木眞，是不會滿足於僅統一蒙古各部落的。

鐵木眞稱蒙古汗後，便將整個漠北蒙古高原視爲下一個目標，克烈部因此成爲鐵木眞統一蒙古高原的障礙，於是鐵木眞隨便找了個藉口，滅掉克烈部。將領土擴張至今蒙古國中部，與乃蠻部爲鄰。

鐵木眞又揮軍向西，以如摧枯拉朽之勢滅了乃蠻。許多乃蠻部族人逃向東部中亞各地，乃蠻太陽汗之子屈出律也向西逃亡，投奔至西遼境內，被西遼末帝收留，並在虎思斡耳朵定居下來。

滅掉乃蠻部後，鐵木眞於西遼天禧三十年（西元一二〇六年）受漠北各部族擁戴，稱「成吉思汗」，意爲「萬王之王」、「汗中之汗」。

西遼出征

儘管鐵木眞聲勢日漸壯大，西遼末帝對東方這頭剛出籠的猛虎卻毫無戒心。他接納投奔的屈出律，已是引狼入室。更令人不可思議的是，西遼末帝還把女兒渾忽公主嫁給屈出律。

天禧二十六至二十七年（西元一二〇三～一二〇四年）間，呼羅珊地區的古爾王朝又與花剌子模交戰。花剌子模向西遼求助，西遼再命塔陽古率一萬騎兵支援，同時西喀喇汗國奧斯曼蘇丹也率軍支援。

古爾王朝的蘇丹哈勃・丁得知消息後，倉皇撤兵。花剌子模一路窮追不捨，古爾王朝軍隊在安都淮（今不詳）被西遼軍所團團包圍。古爾王朝軍隊五萬人戰死，哈勃・丁連同侍衛大約僅一百人身陷包圍中心。他用計逃進安都淮城中，西遼軍於是猛攻安都淮，準備活捉古爾王朝蘇丹。

就在這時，西喀喇汗國的蘇丹奧斯曼自願擔任兩軍斡旋的角色。西喀喇汗國的蘇丹奧斯曼派信使對哈勃・丁說：「爲了伊斯蘭世界的尊榮，我

遼代・「杜家」款綠釉淨瓶　此淨瓶作塔形，小口，長頸，頸中貼塑一周印花紋的蓮瓣，上部刻螺旋紋，下部呈竹節紋，肩部一側安有盤口乳狀流，器身印滿瓔珞紋，通體施綠釉。從作品看有可能屬定窯產品，因為定窯這個時期已能燒出很好的綠釉瓷器了。

不願一個穆斯林蘇丹落入異教徒（指西遼軍隊）手中，死於他們之手。你最好交出你所有的一切，諸如大象、馬匹等，作爲贖金。我將替你斡旋，求得他們同意。」古爾蘇丹哈勃．丁在走投無路之下，只好答應奧斯曼的要求。（見《世界征服者史》）西遼軍隊也因此釋放哈勃．丁。

此戰西遼表面上打了勝仗，卻全無好處，反而是替花剌子模清除了向外擴張的障礙。

天禧二十八年（西元一二〇五年），花剌子模軍隊渡過阿姆河，占領忒耳迷（今烏茲別克南部泰而梅茲，Termiz）。次年，花剌子模從古爾王朝手裡奪下巴爾赫城，並將此城獻給西遼，花剌子模之所以這樣做，是因爲花剌子模此時還不能和西遼決裂，所以先鬆懈西遼戒心，以便奪取阿姆河以南的呼羅珊地區。

花剌子模抗西遼

花剌子模漸漸朝向大國邁進，然而西遼朝廷全然沒有警覺出正在變化的局勢。

花剌子模在特克什汗統治期間，國力逐漸壯大。天禧十年（西元一一八七年），特克什汗占領呼羅珊地區首府尼沙普爾（Nishapur，今伊朗東北）；十五年（西元一一九二年）出征今日伊朗；十七年（西元一一九四年）侵入今日伊拉克；十九年（西元一一九六年）花剌子模軍隊大敗巴格達軍隊。這時花剌子模的聲勢早已駕凌西遼，但是在名義上仍然附庸於西遼。

特克什汗過世後，花剌子模由摩訶末繼位。此時的花剌子模國力日益增強，早已不甘心附庸於西遼，於是摩訶末即位後就停止對西遼的年貢，西遼末帝因此派宰相馬赫穆德巴依前去追討。馬赫穆德巴依到達花剌子模時，摩訶末正準備率軍北伐另一游牧部落欽察，如果仍然以禮接待西遼宰相，摩訶末實在心有未甘；如果加以駁斥，又怕引起西遼討伐，壞了北伐欽察計畫。權衡利弊，摩訶末請他母親圖兒罕可敦出面接待。

圖兒罕可敦處事圓融，她深知北伐的重要性，於是以隆重的儀式接待馬赫穆德巴依，並如數繳付年貢。圖兒罕可敦還派幾個貴族隨同馬赫穆德巴依到虎思斡耳朵朝拜西遼末帝，表達延遲年貢的歉意，並保證一定恪守附庸國本分。花剌子模前倨後恭的表現，全看在馬赫穆德巴依的眼裡，他如實的向西遼末帝報告花剌子模狡猾的模樣，並推估花剌子模今後恐怕不會再納貢了。然而此時的西遼國力正不停下滑中，對此也是無可奈何。

事情果然如馬赫穆德巴依所料，花剌子模北伐欽察大獲全勝。摩訶末班師回國後，就決定不再繼續向西遼納貢，不僅如此，更開始把擴張的矛頭指向河中地區。

河中地區是西遼附庸國西喀喇汗國領土。雙方始終維持密切且友好的關係，西遼只要西喀喇汗國每年繳交一筆貢賦，再讓西遼派一名沙里納（官名）駐紮河中府，也就是薩馬爾罕即可。西遼十分重視西喀喇汗國，河中地區也常駐西遼軍隊。只是西遼後期軍紀敗壞，給河中地區人民帶來許多「災難」，這就給花剌子模向河中地區擴張的藉口。

西喀喇汗國日漸衰微。此時伊斯蘭宗教力量則日益加大，在布哈拉，出現了一個名爲「布爾罕王朝」的宗教政治實體。統治集團爲一個世襲的宗教家族，首領擁有「薩德爾．賈罕」的頭銜，意思是世界的支柱。這個王朝的奠基者叫「大薩德爾阿布杜．阿茲斯．本．奧馬爾．馬札」，是阿拉伯帝國奧馬雅王朝的後裔。

布爾罕王朝名義上是西喀喇汗國的附庸，實際是一個「貴族城邦共和國」。西遼占領布哈拉後，雖然任命阿爾普特勤（官名）爲行政長官，但實際權力仍然掌握在布爾罕王朝手中，王朝的統治者薩德爾擁有肥沃的土地，他從手工業和商業獲得巨額稅收，又假借西遼的名義，向人民大肆搜刮。

布爾罕王朝的強徵暴斂，激起人民的憤怒反抗。終於在天禧二十九年（西元一二〇六年），布哈拉人民起身反抗，薩德爾被趕出布哈拉城。他一度向西遼求救，但西遼救兵還沒

地獄的支柱

《全史》記載，「布爾罕王朝」的薩德爾穆罕默德．本．阿赫馬德去麥加朝聖時，用了一百頭駱駝載運他途中的生活用品，其富有的情況可想而知。

因為他如此窮奢極欲，所以人們稱他為「薩德爾．賈罕納姆」，其意為「地獄的支柱」。

到，布爾罕王朝就已經灰飛煙滅了。

屈出律篡西遼

西遼繼續派使者圖什到花剌子模收取貢賦。圖什高踞花剌子模蘇丹旁邊的寶座上，而且出言不遜，激怒摩訶末。摩訶末下令將圖什碎屍萬段，投入阿姆河中，之後宣布脫離西遼，公然起兵造反。之前布爾罕王朝被布哈拉人民趕出的皇公貴族，在等不到西遼救兵的情況下，向摩訶末求援，摩訶末覺得這是千載難逢的好機會，於是率領大軍朝布哈拉方向前進，此舉無異直接挑釁西遼。結果花剌子模攻下布哈拉，並且繼續向撒馬爾罕前進。

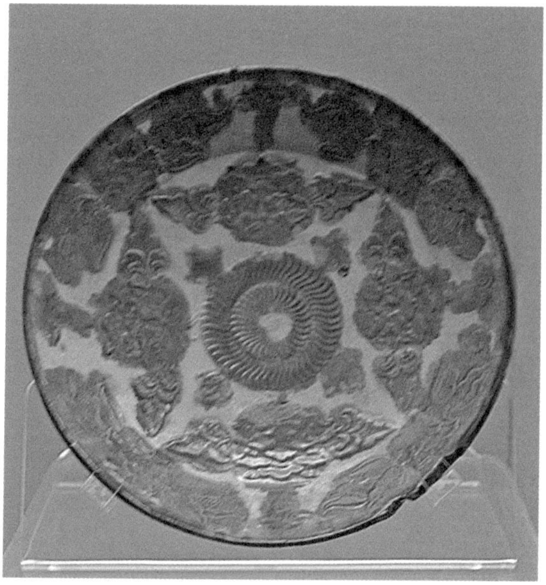
遼代・彩色釉陶印花盤

幾場戰事都傳來好消息後，花剌子模聯繫西喀喇汗蘇丹奧斯曼，希望爭取到奧斯曼的支持。在這之前，奧斯曼曾向西遼末帝求親，想娶西遼公主，但是被西遼所拒。所以摩訶末使者的到來，受到奧斯曼的熱烈歡迎，也等於宣告西遼失去了河中地區。摩訶末派艾米爾托特・阿巴代表花剌子模，駐紮薩馬爾罕。摩訶末是個虔誠的穆斯林，他極力反對信仰異教的契丹人，一再鼓吹穆斯林向異教徒發動戰爭，於是摩訶末與奧斯曼組成聯軍，準備東征。

西遼得到消息後，立刻命塔陽古率軍迎戰，雙方於天禧三十三年（西元一二一〇年）八、九月會戰，西遼軍隊大敗，塔陽古被俘。這對日漸衰微的西遼來說無異是雪上加霜。就在此時，屈出律向西遼末帝提出建議，由他到草原召集乃蠻、克烈流亡群眾，補充西遼兵員。但是屈出律包藏禍心，他想利用召集到的乃蠻、克烈族人奪取西遼政權。因為屈出律念

遼文化保存區　此為山西應縣木塔景區的遼代文化街牌坊，為後人述說遼代的歷史和遺跡。

念不忘乃蠻故國，於是暗中勾結花剌子模，妄想裡應外合，篡取西遼。

屈出律到草原後，憑著他是乃蠻太陽汗之子的身分，得到乃蠻、克烈部流亡人民的響應，一共收籌了二萬多人，形成一股不小的力量。

有了這支兵，屈出律回到西遼直轄領地，殺戮搶掠。他遣使花剌子模，約定東西夾擊西遼，然後瓜分西遼。屈出律劫掠烏茲干（今不詳），進逼虎思斡耳朵，但被西遼末帝打敗，士兵死傷過半。屈出律只好帶著殘兵敗將退到北方草原，補充人力，等待機會，再度進攻西遼。

內外形勢如此嚴峻，西遼末帝卻還不肯奮發圖強。天禧三十四年（西元一二一一年）秋，末帝依舊出外狩獵。屈出律得到消息，帶軍隊襲擊並活捉末帝，終結耶律直魯古三十四年的統治，也終結掉耶律氏對西遼的統治。

屈出律得到西遼帝位後，便自行稱帝爲喀喇契丹，「尊」淪爲階下囚的西遼末帝耶律直魯古爲太上皇，朝

聶思托里斯教

聶思托里斯教派在中國稱「景教」，創始於西元五世紀上半葉，由聶思托里（Nestorius）始創，所以也稱聶思托里斯教派（Nestorianism）。該派主張耶穌具有二性二位說，跟基督教其他各派的理論有所不同。

聶思托里生於澤曼尼西阿（Germanicia，今土耳其南部），但生卒年月都不詳，只知道他大約在西元四二八至四三一年（約中國南朝齊）擔任過東羅馬帝國都城君士坦丁堡的牧首（主教）。

聶思托里的「耶穌二性二位說」大意是：耶穌具有神、人兩個本性，這二個本性無法合成一個統一的本體，或者說不能合成一個位格，而是分別形成神、人兩個本體。作為人的耶穌是瑪麗亞所生，之後被釘在十字架上，瑪麗亞是人的母親。作為神，即上帝耶和華之聖子的耶穌，就不是瑪麗亞所生，不能稱瑪麗亞為上帝（天主）的母親，所以從這個角度看，耶穌也未被釘在十字架上。

這個理論提出後，立刻引起基督教內部的議論，結果聶思托里被逐出教會，據說他死於埃及沙漠之中。但是他的信徒並沒有被消滅，並且得到波斯薩珊王朝的保護，逐漸向中亞、漠北傳播。據說乃蠻、克烈部長都信奉了這個教派，這個教派還曾傳到中國的長安。

遼代・釋迦牟尼佛涅槃　此像雕刻精美，釋迦牟尼神態安詳，展現出遼代造像藝術的功力。

飛狐大鐵鐘　這座飛狐大鐵鐘位於今河北省保定閣院寺，千年來從未翻修，是中國現存唯一有明確紀年的遼代大鐵鐘，鑄於遼天祚帝天慶四年（西元一一一四年）。此鐘有六耳，象徵人之六根；鐘的上部文是《金剛經》，還有五十五個梵文。這口鐘是遼末天祚帝為公主祈福而造，因鐘銘文中有「飛狐」字樣，而被稱為「飛狐大鐘」。

夕問候起居。屈出律的目的是要利用末帝以穩定對西遼的統治。兩年後，西元一二一三年，憂鬱成疾的末帝耶律直魯古去世，此時是中國的金宣宗貞祐元年，南宋寧宗嘉定六年。

乃蠻和克烈部皆是信仰基督教的聶思托里斯教派。但屈出律娶了西遼渾忽公主之後，就改變了宗教信仰。

契丹人是信仰佛教的，所以屈出律也改信佛教，並且在喀喇契丹境內大力推展佛教，打擊伊斯蘭教。屈出律換穿契丹人的服裝，並且強迫推行契丹服飾，想要全面契丹化。

強迫契丹化的政策突顯屈出律政治智慧的不足，契丹人在中亞於人數上居於少數，所以耶律大石建立西遼後，不強力推行佛教，在語言、服飾上也不求契丹化，以入境隨俗的方式進行統治。無論是感天太后、仁宗、承天皇后乃至末帝都維持這個原則，所以西遼才能夠在中亞地區統治八十多年。但屈出律的行爲很快地激起境內人民的反抗，而外在的情勢更是險惡，屈出律卻渾然不覺。

西遼北方的鐵木眞仍持續作戰。鐵木眞有個作戰原則，如果敵人未戰先降，他就會溫和地對待他們；如果戰而不降，則殺無赦，甚至屠城；如果敵人領袖或領袖之子逃亡，則一定趕盡殺絕。因此鐵木眞滅乃蠻後，必將捕殺出逃西遼的屈出律。

鐵木眞整頓部隊後，先招降高昌回鶻。回鶻王降於蒙古，所以高昌並未遭蒙古鐵騎蹂躪，高昌回鶻殺西遼監督官，成爲蒙古的附庸。屈出律的喀喇契丹此時已經是四面楚歌了。

虎思斡耳朵以東的阿力麻里（今新疆伊犁哈薩克自治州霍城），是哈剌魯人的聚居地。當屈出律篡奪西遼後，哈剌魯人就歸降了蒙古。屈出律還居然出兵攻擊哈剌魯，暴露了自己的行蹤。

鐵木眞既然知道屈出律在西遼，且攻擊已經歸順的阿力麻里，於是立刻命大將哲別率軍討伐屈出律。屈出律戰敗，從可失哈爾（今新疆維吾爾自治區喀什）向西逃亡，進入巴達哈傷（今塔吉克與阿富汗交界處）地區，被當地人擒獲，獻給蒙古軍。西元一二一八年，屈出律被殺，至此西遼完全滅亡，此時是中國的金宣宗興定二年，南宋寧宗嘉定十一年。

第十六章 契丹後人今何在，猶餘東北達斡爾

契丹人口之論斷

遼朝國祚達二百多年，留下了許多可貴的文化遺產。前文提到山西省應縣的木塔，就是一個最好的例子，遼朝對中國文化的貢獻，絕對不少於其他任何民族。

遼朝統治中國境內華北地區兩百來年，有大量契丹人移居華北地區。根據近人魏勵所編的《中國文史簡表匯編》中所列的〈中國歷代人口簡表〉，與遼朝同時代的北宋，人口爲一千六百二十八萬人。

依據這個數字再往下推測，北宋所統治的疆域，在土地、氣候上和遼朝比較起來，都更適於人居，所以人口很可能是遼朝的一倍。按此推論則假定遼朝人口爲八百萬，其中契丹人很可能只有二百萬人。依照《蒙古源流考》記載，蒙古族建立元朝時有四十萬戶，每戶以五人推算，約二百萬人；另女眞入關建立清朝時，也約略爲二百萬人，所以推估契丹統治華北初期，應該也有二百萬人。

遼朝的契丹人居於統治階層，在政治、經濟上居於優勢地位，所以契丹族養尊處優、妻妾成群，契丹人口的增長速度大於同時期華北漢人。我們可以推測在遼末帝耶律延禧時，契丹人數至少應該與漢人相當。

遼代・三彩瓷枕

如果說遼朝末期總人口有九百萬，那契丹人至少有四百萬。在今天，四百萬或許只是一個小數字，可是一千年前，這卻是一個大數目。試想西漢時期，僅三百萬人口的匈奴，就使大漢帝國疲於奔命，漢武帝傾全國之力、窮畢生以伐匈奴，才遏止了匈奴向外繼續擴張。

如果上述推論屬實，南宋時（西元十二世紀初），今日中國的華北地區至少有四百萬契丹人，那女眞族滅掉遼後，這些契丹人去哪裡了？

契丹民族在唐朝後期開始壯大，經常征服鄰近各民族，擄掠其他各族。久而久之，這些民族已經契丹化了，對中原而言，這些人都是契丹人。及至遼朝進入中原後，統轄範圍繼續擴大，被統治的民族增多，無庸置疑，這些被契丹族統治的民族也逐漸契丹化。

華夏文化具備兼容並蓄的特徵，對外來文化，抱持著但凡有利一律採納的態度，所以許多胡族文化習俗，都融入華夏文化之中。尤其諸胡列國之後，北方胡族很多習俗都被華夏吸收，而胡漢聯姻，使漢人除了原有的華夏、東夷、百越、荊吳之外，更增添了北方諸胡族的血胤。

如上所言，因爲這樣，漢人的範疇更爲擴大。但在融合的過程中，仍然是以華夏文化爲主流。

契丹統治華北時期，固然有許多非契丹人契丹化了，但大方向則是整個契丹族與中原漢人融合成新的漢人。所以女眞建立金朝後，把在中原的契丹人視同漢人。根據這個趨勢，再來談遼朝覆亡後，契丹人的下落，才有意義。

契丹後人的下落

遼朝滅亡後，契丹人的去處大致分以下幾處：

一、仍然留在契丹族的發源地

自清朝中葉以來，就一直有學者主張今日定居在內蒙古自治區的「達斡爾」族是契丹人的後裔。當代歷史學家陳述所撰的《大遼亡後的契丹人》就主張這種看法；中國學者范玉梅、吳碧雲、開斗山、游智仁及酈東合編的《中國民族風情錄》（西元四川民族出版社，一九八三年出版）也主張達斡爾族是契丹人的後裔。

依照這種觀點，目前大部分聚居在內蒙古自治區的莫力達瓦自治旗的達斡爾族；以及另有一部聚居在新疆維吾爾自治區塔城縣的居民，即為契丹族後裔。據中國二〇〇〇年的人口普查報告，達斡爾族約有十三萬二千三百九十四人，這部分人還保留有許多契丹人的語言、習俗和薩滿信仰。

二、投奔耶律大石建立的西遼

遼天祚帝耶律延禧保大五年（西元一一二五年），金滅遼。遼宗室耶律大石隨即率領若干人向北進入今蒙古國，一些契丹人就

追隨耶律大石北去。

金朝統治下原屬遼的疆域內，統治措施當然不能盡如人意，尤其是對有亡國之痛的契丹人。據《金史》記載，就屢次出現契丹人投奔西遼的事蹟。在西遼享祚的八十幾年裡，有不少中原地區的契丹人進入西遼統治地區，尤其是西遼都城虎思斡耳朵一帶。

儘管如此，西域或中亞，大體而言仍是以突厥回紇語的民族爲多數，契丹人縱然有十幾或二十幾萬人，仍然是少數。西遼滅亡後，這些當初西遷的契丹人，也逐漸融入當地民族之中，因此今天中亞各民族，也有源自東方契丹人的基因。

遼金・三彩瑞獸　這座三彩瑞獸是遼代作品，現藏於著名的「曹家大院」。曹家大院又稱「三多堂」，位於山西省太谷縣城，為山西晉商的代表建築物。曹氏為晉商首富，曹家大院共有房屋二二七間，距今已有四百多年的歷史。該宅院建築風格古色古香，南北通融，結構獨特，整體的布局呈「壽」字型。

遼代・樂俑　有西域胡風；山西大同出土。

燃燈古塔磚雕仰蓮瓣　此為北京通州燃燈古塔磚雕仰蓮瓣。通州古塔名「燃燈佛舍利塔」，建於遼代，塔下有燃燈佛寺。清康熙年間地震後重建，為磚木結構，密簷實心八角十三層，高約四十八公尺。

三、融入蒙古族或西夏

金滅遼後，統治疆域與遼大致相同而略大，大部分契丹人都在金的統治之下。女眞族以高壓手段對待契丹族人。在金朝歧視壓迫之下，契丹人常起而反抗，例如耶律余覩反金，事敗逃入韃靼。

《續資治通鑑長篇》中，如此描述契丹人去向：「於是河東八館、五百戶山金司、乙堂王府、南北王府、四部族衙諸契丹相溫（詳穩）酋率眾，蜂亡入（西）夏國，亦或北投沙漠（即蒙古，時稱韃靼）契丹人入金者，幾灰燼。」

金朝初期，已經有很多的契丹人投奔蒙古或歸降西夏。到了金朝後期，漠北韃靼各部落逐漸統一，以蒙古之名興起。契丹人難忍金朝的虐政，紛紛投奔蒙古，並助蒙古攻金。

《元史・卷一四九》載：「耶律禿花，契丹人，世居桓州，太祖時，率眾來歸。大軍入金境，爲嚮導。」同卷：「耶律留哥，契丹人，金爲北邊千戶，太祖起朔方，金人疑遼遺民有他志，下令遼民一戶以二女眞戶夾居

以髮式分種族

從民俗學來看，依據髮式或服飾的差異可以作為區別民族或族群的重要因素，比如青苗、白苗、花苗等，就是以衣服的式樣及花色，作為區別苗族族群的依據。南北朝時，北朝是鮮卑族拓跋部及宇文部所建的北魏及北周，在髮式上都是辮髮，所以南朝就稱之為「索虜」或「索頭虜」（指辮髮如線索）。可見髮式自古以來就可以用作區別民族的要件。

契丹人的髮式為髡髮禿頭，髡是剃的意思，也就是把頭頂剃光，只留邊上一點。而蒙古族的髮式乃辮髮索頭，兩種髮式截然不同。據此，則可推斷融入蒙古族的契丹人非常多。

防之，留哥不自安，歲壬申（西元一二一二年），遁自隆安、韓州，糾壯士摽掠其地。……數月，眾至十餘萬。」

《元史．卷一五〇》也記載：「耶律阿海，遼亡故族也。金季，選使王可汗（即王汗脫斡憐勒，克烈部酋長），明年復出使，與弟禿花俱往。」同卷又載：「石抹也先，遼人也，……其祖庫烈兒，誓不食金粟，率部徙。……（石抹也先）聞（元）太祖（鐵木眞）起朔方，匹馬來歸。」耶律留哥後來也北上降於蒙古。

儘管金朝的統治已逾百年，契丹人仍然心存故國，不但投降蒙古，更爲蒙古出謀劃策以伐金。據史料約略估計，投降蒙古的契丹人至少有好幾十萬之眾，這是一個不小的數目。

不過如同建立金的女眞一樣，蒙古也沒有將這好幾十萬契丹人視同蒙古人。《元史．世祖本紀》載：「至元二十一年（西元一二八四年）八月，定擬蒙古軍官格例，……女眞、契丹同漢人，若女眞、契丹生西、北，不通漢語者，同蒙古人。……」

元世祖忽必烈規定將通漢語的女眞、契丹人視爲漢人；生於西、北且不通漢語的女眞、契丹人，才被視爲蒙古人，這就說明元朝對待國內契丹人有差別待遇。

明代時，元朝遺緒組成兀良哈三衛，居契丹故地。許多學者專家認爲，兀良哈三衛就是契丹人後裔。如當代歷史學者李健才所撰的《明代兀良哈三衛》一文，及另一當代學者孫

遼代．射騎圖　佚名　縱二十七．一公分，橫四十九．五公分。畫中武夫腰弓持箭，立於馬前，正在校正箭桿，似做出獵前的準備。人馬刻畫最見功夫，此圖活靈活現，血肉俱足，筆法細膩，設色清雅。

進己所著的《東北民族源流》皆指出，明代兀良哈三衛是「本東胡遺種」、「有契丹以來的遺風」。

兀良哈三衛的根據地大約是在今天的中國遼寧省朝陽市凌源縣，到喀喇沁左翼蒙古族自治縣，以及赤峰市喀喇沁鎮一帶地方。該地原是契丹人的大本營，加以明朝聚居在這三衛的人，在髮式上是髡髮禿頭，與蒙古族的辮髮索頭迥異，所以推論喀喇沁部蒙古人是契丹人的後裔。

四、融入女真族

金朝建立後，女眞族成爲統治階層，擁有絕對的政治、經濟優勢，許多契丹人爲了政治、經濟理由，在女眞族治下爲宦或經商，自然而然就女眞化了。元朝文人陶宗儀所著的《輟耕錄》中寫到：「金人（女眞族）姓氏中，有石抹曰蕭、移剌曰劉。」石抹、移剌都是契丹姓，而移剌可能就是耶律的另一種音譯，女眞化後，改石抹爲蕭、改移剌（即耶律）爲劉。另外，還有不少契丹人被女眞貴族擄去充當奴僕，時間一久，這些契丹奴僕都女眞化了。

五、融入漢人

遼朝統治華北地區時，在人數上仍然是「少數民族」。漢人歷史悠久，而且經過長時間的演化，涵育出最適合華北地區的生活方式及文化，這一切都使得居於統治地位的契丹人羨慕不已。不知不覺中，這些契丹人模仿漢人的生活方式及語言文字逐漸漢化。雖然有許多契丹人漢化了，可是契丹人作爲統治者，他們的言行舉止不免被漢人模仿，兩個民族逐步交融。

女眞統治了華北後，雖然吸納一些契丹人，但是最後也和契丹人一樣，與漢人混融了，形成更新的漢人與漢文化。到蒙古人滅金後，只要是會說漢語的一律視同漢人，從這方面看，融入漢人，應該是契丹人的最主要去向。

任何一本中國民族史，都清楚地告訴我們，秦漢時代的漢人已經包括了華夏系、東夷系、百越系、荊吳系這四大民族。秦漢時代的漢人充其量只有四分之一的炎黃子孫血統。東西漢一直都跟北方的匈奴作戰，《史記》、《漢書》及《後漢書》皆載，許多匈奴人投降漢朝，或爲漢朝所俘。這些匈奴人，後來融入了漢人。可以這麼說，魏晉時期的漢人，已經在秦漢時漢人的內涵上，融入匈奴的血統。

西晉國祚短暫，北方匈奴、鮮卑、羯、氐、羌、瀘水胡等各胡族，先後建立起二十個政權，最後被鮮卑族拓跋部的北魏統一。北魏聲威遠播，西域昭武九姓十幾個綠洲國家商隊，更經常往來北魏經商，很多人都留下定居，成爲北魏的子民。

北魏後來蛻化爲東、西魏，再分別演變成北齊、北周，最後爲楊堅的隋所滅，隋滅南朝陳之後，天下重歸統一。隋很快被李唐取代，這時匈奴、鮮卑、羯等族之名，不再見於文獻，顯然融入隋唐時的漢人之中，唐代漢人內涵進一步擴大。而隋唐多元且璀燦的文化，至今還被中外所津津樂道。

之後五代十國中的後唐、後晉、後漢建國者，都是西域胡族後裔；十國中的北漢也是胡族後裔。契丹、女眞、党項先後興起，最後被元朝統一。元朝時的漢人，又增加契丹、女眞以及部分党項羌。明朝建立後，境內有爲數極多的蒙古族，就成爲明朝的子民，久了就成爲明代的漢人。至於清朝，情形也復如此。

大遼王朝大事年表

遼/西遼年號	西元	大事	中國年號
	九〇七年	耶律阿保機即汗位。	後梁太祖開平元年
遼太祖神冊元年	九一六年	耶律阿保機稱帝，是爲遼太祖，建元神冊。	後梁末帝貞明二年
遼太祖天贊五年	九二六年	契丹攻滅渤海，改渤海爲東丹，以耶律倍爲東丹王。阿保機駕崩，由述律太后攝政。	後唐明宗天成元年
遼太宗天顯二年	九二七年	耶律德光即位，是爲遼太宗。尊述律太后爲應天皇太后。	天成二年
遼太宗天顯十二年	九三八年	遼取得燕雲十六州，升幽州爲南京。	後晉高祖天福三年
遼太宗會同十年	九四七年	耶律德光改國號契丹爲遼。耶律德光北返途中駕崩。耶律阮即位，是爲遼世宗。	天福十二年
遼世宗天祿五年	九五一年	遼世宗爲察割所弒。壽安王耶律璟即位，是爲遼穆宗。	後周太祖廣順元年
遼穆宗應曆十九年	九六九年	耶律璟爲近侍所弒，耶律賢即位，是爲遼景宗。	宋太祖開寶二年
遼景宗乾亨四年	九八二年	耶律賢南侵失敗，之後駕崩，子隆緒奉遺詔即位，是爲遼聖宗，由皇太后蕭燕燕攝政。	宋太宗太平興國七年
遼景宗乾亨五年	九八三年	遼群臣上蕭燕燕尊號「承天皇太后」。	太平興國八年
遼聖宗統和四年	九八六年	遼挫敗北宋三路大軍。	宋太宗雍熙三年
遼聖宗統和二十二年	一〇〇四年	遼宋訂立澶淵之盟。	宋眞宗景德元年
遼聖宗統和二十五年	一〇〇七年	承天太后病故。	景德四年

遼聖宗太平十一年	一〇三一年	遼聖宗駕崩，由耶律宗眞即位，是爲遼興宗。	天聖九年
遼興宗重熙二年	一〇三三年	遼法天太后殺害齊天太后，後法天太后被軟禁。	宋仁宗明道二年
遼興宗重熙十三年	一〇四四年	遼興宗親征西夏，失敗。	宋仁宗慶曆四年
遼興宗重熙二十四年	一〇五五年	遼興宗駕崩，耶律洪基即位，是爲遼道宗。	宋仁宗至和二年
遼道宗清寧九年	一〇六三年	遼平定重元叛亂。	宋仁宗嘉祐八年
遼道宗大康元年	一〇七五年	「十香詞」冤案，遼道宗賜皇后蕭觀音自盡。	宋神宗熙寧十年
遼道宗大安三年	一〇八七年	耶律大石誕生。	宋哲宗元祐二年
遼道宗大安五年	一〇八九年	西喀喇汗國成爲塞爾柱王朝附庸。	元祐四年
遼道宗壽昌七年	一一〇一年	遼道宗於混同江行宮駕崩，耶律延禧即位，是爲遼天祚帝。	宋徽宗建中靖國元年
遼天祚帝乾統三年	一一〇三年	完顏氏統一生女眞各部。	宋徽宗崇寧二年
遼天祚帝天慶二年	一一一二年	遼天祚帝於松花江釣魚，完顏阿骨打魚頭宴抗命。	宋徽宗政和二年
遼天祚帝天慶四年	一一一四年	阿骨打伐遼，獲勝。	政和四年
遼天祚帝天慶五年	一一一五年	阿骨打稱帝，國號「大金」，建元「收國」。是爲金太祖。遼天祚帝親征阿骨打。	政和五年
遼天祚帝天慶六年	一一一六年	渤海高永昌在遼東京謀反。金陷東京。耶律大石出任邊前線泰州刺史。	政和六年
遼天祚帝天慶十年	一一二〇年	金軍攻占遼上京，遼中京危在旦夕。金與南宋約定共擊遼朝。耶律大石任遼興軍節度使。	宋徽宗宣和二年

遼天祚帝保大二年	一一二二年	金占遼中京，遼天祚帝出逃。三月，耶律大石與蕭幹等擁耶律淳爲帝，稱天錫皇帝，改元建福，史稱「北遼」。六月，北遼耶律淳病死，由妻蕭德妃爲皇太后，攝政，改元德興，大師耶律大石與四軍大王蕭幹掌握朝政。七月，宋發兵二十萬攻遼。十月，耶律大石與蕭幹統兵二萬以抗宋軍，又獲大勝。十二月，金軍取居庸關，蕭德妃逃至松亭關，耶律大石投奔天祚帝。	宣和四年
遼天祚帝保大三年	一一二三年	金太祖病逝，弟吳乞買即帝位，是爲金太宗。九月，耶律大石自金營逃回天祚帝處，並帶回一支軍隊。	宣和五年
遼天祚帝保大四年	一一二四年	遼耶律大石自立爲王。是爲西遼德宗。	宣和六年
遼天祚帝保大五年	一一二五年	遼天祚帝爲金將婁室所獲，遼亡。	宣和七年
西遼德宗延慶六年	一一二九年	耶律大石遣使持國書至宋，使者被西夏所截。耶律大石發兵取金北部三營。	南宋高宗建炎三年
西遼德宗延慶七年春	一一三〇年	西域塞爾桂蘇丹桑賈爾占領撒馬爾罕。耶律大石西征，過高昌回鶻汗國，受到回鶻王畢勒哥隆重歡迎。但西進今吉爾吉斯時遭當地居民強烈抵抗。	建炎四年
西遼德宗延慶八年	一一三一年	金發兵一萬騎北攻可敦城，爲耶律大石軍所敗。	南宋高宗紹興元年
西遼德宗延慶九年二月	一一三二年	耶律大石建元延慶，正式成立西遼。	紹興二年

西遼德宗延慶九～十年	一一三二至一一三三年	高昌回鶻汗國歸附西遼耶律大石。耶律大石進攻喀什噶爾，被東喀喇汗國所敗。	紹興二～三年
西遼德宗延慶十一年	一一三四年	耶律大石應東喀喇汗國之請，進軍國都巴拉沙袞。東喀喇汗國成爲西遼附庸。耶律大石以虎思斡耳朵爲國都，改延慶三年爲康國元年。三月，耶律大石以蕭斡里剌爲兵馬元帥，率騎兵七萬東向伐金，無功而返。	紹興四年
西遼德宗康國二年	一一三五年	金熙宗完顏亶派粘罕征西遼，雙方大戰數日，粘罕敗歸。	紹興五年
西遼德宗康國四年	一一三七年	五至六月，西遼軍經費爾干納谷地與西喀喇汗國汗馬赫穆德·伊本·穆罕默德交戰，西遼獲勝，馬赫穆德逃回撒馬爾罕。	紹興七年
西遼德宗康國五年	一一三八年	塞爾柱蘇丹桑賈爾與附庸國花剌子模發生武力衝突。	紹興八年
西遼德宗康國六～七年	一一三九至一一四〇年	花剌子模攻占布哈拉。	紹興九～十年

西遼德宗康國八年	一一四一年	河中地區西喀喇汗國大汗與所屬葛邏祿人發生衝突。七月，塞爾柱蘇丹桑賈爾應西喀喇汗國之請，集結十餘萬騎兵，進攻葛邏祿，耶律大石應葛邏祿請求，率軍赴援。九月，桑賈爾軍與耶律大石軍在撒馬爾罕以北進行決戰大敗。耶律大石領兵進入撒馬爾罕，改撒馬爾罕爲河中府，西喀喇汗國遂成爲西遼附庸。耶律大石派額兒布思出兵花剌子模，迫使花剌子模向西遼稱臣。	紹興十一年
西遼德宗康國十年	一一四三年	耶律大石駕崩，廟號德宗，其子耶律夷列年幼，由太后蕭塔不烟權國，號感天皇后，改元咸清。	紹興十三年
西遼感天皇后咸清三年	一一四六年	金使粘割韓奴抵達西遼直轄地，因出言不遜，被蕭塔不烟殺之。	紹興十六年
西遼感天皇后咸清七年	一一五〇年	耶律夷列親政。	紹興二十年
西遼仁宗紹興元年	一一五一年	西遼王朝進行人口調查。	紹興二十一年
西遼仁宗紹興六年	一一五六年	西喀喇汗國與葛邏祿發生衝突，雙方大戰於飢餓草原。西喀喇汗國領袖被殺，由阿里·本·哈桑嗣立，稱恰克雷汗。	紹興二十六年
西遼仁宗紹興八～九年	一一五八至一一五九年	西喀喇汗國恰克雷汗殺葛邏祿軍隊大首領比古汗。	紹興二十八～二十九年

西遼仁宗紹興十三年	一一六三年	耶律夷列死，廟號仁宗，因其子年幼，詔由妹耶律普速完掌權，號承天皇后。	南宋孝宗隆興元年
西遼承天皇后崇福元年	一一六四年	承天皇后令葛邏祿人遷往喀什噶爾，引起葛邏祿人暴動。西喀喇汗國軍隊鎮壓暴動，葛邏祿人在河中地區勢力從此衰微。	隆興二年
西遼承天皇后崇福二年	一一六五年	西遼占領阿姆河以南巴爾赫及其附近地區。	南宋孝宗乾道元年
西遼承天皇后崇福七年	一一七〇年	西遼與西喀喇汗國集結軍隊，與花剌子模派遣的葛邏祿人阿亞爾伯克在阿姆河交戰，花剌子模大敗，阿亞爾伯克被俘。	乾道六年
西遼承天皇后崇福九年十二月	一一七二年	承天皇后命其夫蕭朵魯率大軍護送特克什回國。蘇丹沙赫及其母聞訊逃亡，特克什遂爲花剌子模沙赫（汗）。	乾道八年
西遼承天皇后崇福十四年	一一七七年	承天皇后被蕭斡里剌所殺。	淳熙四年
西遼末主天禧元年	一一七八年	耶律直魯古繼位，改元天禧。	淳熙五年
西遼末主天禧十年	一一八七年	花剌子模特克什占領呼羅珊首府尼沙普爾。	淳熙十四年
西遼末主天禧十五年	一一九二年	花剌子模出征今日伊朗。	南宋光宗紹熙三年
西遼末主天禧十七年	一一九四年	花剌子模占領今日伊拉克。	紹熙五年
西遼末主天禧十九年	一一九六年	花剌子模軍隊與巴格達軍隊交戰，獲勝。	南宋寧宗慶元二年
西遼末主天禧二十～二十一年	一一九七至一一九八年	古爾王朝向外擴張，占領巴爾赫。巴爾赫停止向西遼繳納貢賦。	慶元三～四年

西遼末主天禧二十一年	一一九八年	四至五月，西遼派塔陽古率軍出征古爾王朝，遭慘敗。耶律直魯古派兵討伐花剌子模，失敗而返。	慶元四年
西遼末主天禧二十三年	一二〇〇年	花剌子模摩訶末繼位。	慶元六年
西遼末主天禧二十六～二十七年	一二〇三至一二〇四年	古爾王朝與花剌子模再次交戰，並進軍花剌子模境內。	南宋寧宗嘉泰三年～四年
西遼末主天禧二十七年	一二〇四年	九至十月，西遼軍隊與古爾王朝軍隊激戰，西遼大勝，花剌子模占領呼羅珊。	嘉泰四年
西遼末主天禧二十八年	一二〇五年	古爾王朝軍隊占領忒耳迷。	南宋寧宗開禧元年
西遼末主天禧二十九年	一二〇六年	花剌子模從古爾王朝手中奪得巴爾赫，並攻下忒耳迷，並交還西遼。桑賈爾領導布哈拉人民，推翻「布爾罕王朝」。花剌子模摩訶末率軍攻入布哈拉，殺死桑賈爾。鐵木眞攻滅乃蠻部，乃蠻部長太陽汗死，子屈出律逃亡西域。鐵木眞即大汗位，稱「成吉思汗」。	開禧二年
西遼末主天禧三十一年	一二〇八年	屈出律投奔西遼，得西遼末帝耶律直魯古接納，並將女兒嫁給他。	南宋寧宗嘉定元年
西遼末主天禧三十二年	一二〇九年	高昌回鶻汗國宣布脫離西遼，歸順蒙古。	嘉定元年

西遼末主天禧三十三年	一二一〇年	摩訶末殺西遼收貢使，起兵反遼。 西喀喇汗國歸順花剌子模。 摩訶末率軍東進，與西遼軍隊大戰，花剌子模獲勝，占領河中地區。	嘉定三年
西遼末主天禧三十四年	一二一一年	葛邏祿部阿爾斯蘭汗歸順蒙古。 秋，屈出律篡西遼帝位，尊西遼末帝為太上皇。 東喀喇汗國亡。	嘉定四年
	一二一二年	西喀喇汗國亡。	嘉定五年
	一二一三年	西遼末帝駕崩。喀什與和田歸順屈出律。	嘉定六年
	一二一七年	蒙古帝國勢力進入西遼，屈出律逃離虎思斡耳朵。	嘉定十年
	一二一八年	屈出律被殺，西遼徹底滅亡。	嘉定十一年

國家圖書館出版品預行編目資料

大遼王朝：青牛、白馬、黑契丹／劉學銚著—第一版．—新北市:風格司藝術創作坊,2012.06
面；　　公分.—（草原帝國；5）
ISBN　978-986-6330-33-9（平裝）

1．遼史
625.5　　　　101007686

草原帝國05

大遼王朝：青牛、白馬、黑契丹

作　者／劉學銚
編　輯／袁若喬
發 行 人／謝俊龍
出　版／風格司藝術創作坊
106台北市新生南路三段88號7樓之5
讀者服務部　Tel：(02) 2363-7938　Fax：(02) 2367-5949
編輯部　Tel：(02) 2364-0872　Fax：(02) 2364-0873
總 經 銷／紅螞蟻圖書有限公司
Tel：(02) 2795-3656　Fax：(02) 2795-4100
地址：台北市內湖區舊宗路二段121巷28號4樓
http://www.e-redant.com
E-mail:red0511@ms51.hinet.net
出版日期／2012年06月　初版第一刷
定　價／280元
郵撥帳號／16039160知書房出版社
網　站／http://www.facebook.com/shufang.zhi
E-mail／mrbhgh@gmail.com

圖片提供
孔蘭平、王商林、王瓊、安哥、何建虎、李軍朝、汪順陵、邵風雷、俄國慶、張萱、張奮泉、稅曉潔、馮冬莉、黃欣（提供）、黃旭、黃金國、楊興斌、董麗萍、劉兆明、劉軍、劉朔、劉筱林、樹莓、聶鳴　Fotoe.comImagechina
遼代白釉照片由雲液雅集提供　http://www.cloundyes.net

ISBN978-986-6330-33-9